别用爱的名义对孩子让步

江小鱼　[韩]金京心◎著

中央编译出版社
CCTP CENTRAL COMPILATION & TRANSLATION PRESS!

图书在版编目 (CIP) 数据

别用爱的名义对孩子让步 / 江小鱼,（韩）金京心著 .
—北京：中央编译出版社, 2014.6
ISBN 978-7-5117-2099-3

Ⅰ . ①别… Ⅱ .①江… ②金… Ⅲ .①儿童教育—家庭教育 Ⅳ .① G78

中国版本图书馆 CIP 数据核字 (2014) 第 061376 号

别用爱的名义对孩子让步

出 版 人：刘明清
出版统筹：董 巍
责任编辑：冯 章
特约审读：徐红进
策 划：董保军 张天罡
特约编辑：于建梅
版式设计：韩会凡
出版发行：中央编译出版社
地 址：北京西城区车公庄大街乙 5 号鸿儒大厦 B 座（100044）
电 话：（010）52612345（总编室） （010）52612361（编辑室）
（010）52612316（发行部） （010）52612315（网络销售）
（010）52612346（馆配部） （010）66509618（读者服务部）
经 销：全国新华书店
印 刷：北京温林源印刷有限公司
开 本：787 毫米 ×1092 毫米 1/16
字 数：120 千字
印 张：13.75
版 次：2014 年 6 月第 1 版第 1 次印刷
定 价：29.80 元

网 址：www.cctphome.com 邮 箱：cctp@cctphome.com
新浪微博：@ 中央编译出版社 微 信：中央编译出版社（ID:cctphome）
淘宝网店：编译出版社书店（http://shop108367160.taobao.com/）

本社常年法律顾问：北京市吴栾赵阎律师事务所律师 闫军 梁勤

目 录

序 言

别用爱的名义对孩子让步

我有两个可爱的孩子，女儿真爱和儿子峻康。虽然孩子的妈妈是韩国人，教育方法和我有存在分歧的地方，但和天下所有的父母一样，我们对一双儿女的宠爱都是不自觉的。有他们陪伴的这些年，我们的生活观念、事业观念和育儿观念都发生了很大的变化。虽然我们经常说，"他们快快乐乐的就好啦！"，但坦白地说，真的对孩子"无为而治"，也不是件容易的事。

对孩子来说，家庭教育就是一栋坚固大楼的根基，是他接受的最初的启蒙教育，也是最深刻的终身教育。那些从小被溺爱、放任，养成了懒惰、依赖、说谎、自私、任性等坏习惯的孩子，习惯了我行我素，得过且过，凡事自己说了算。他认为父母对他不提什么条件，没有什么要求就是爱他，否则，就是跟他过不去。这样的孩子，从踏入幼儿园，与父母至亲以外的其他人交往开始，将可能出现各种各样的问题，以后父母再想纠正，就困难了。

孩子成长的过程，就是他养成良好的品行修养、生活习惯和规则意识，形成合理的行为规范的过程。很多家长都坚持发现甚至放大孩子的特长和闪光点，拼命地培养甚至拔高孩子的潜能和好习惯。但是，在不遗余力地猛做"加法"的同时，却忘记了还有"减法"。殊不知，让孩子"减去"一个坏习惯无疑是从另一个角度给孩子"加上"了一个好习惯。我们常常讲，一个人的发展高度不是由他的长处决定的，而是由他的短处决定。就好比一个木桶，其能盛多少水不是由组成木桶的最长木板决定，而是由最短木板决定一样。

正是基于这种认识，我认为，如何让孩子改掉坏习惯，甚至比培养孩子的好习惯更应该得到重视。

我的孩子和其他孩子一样，成长的过程中也会出现很多问题，会很任性，会撒谎。以自我为中心，不会处理和小伙伴的矛盾。会偷懒，上幼儿园会迟到……在改正这些小缺点的过程中，我们始终坚持，尊重孩子的性情特征，唤醒孩子内在的自觉，但绝不姑息纵容。以爱的名义护短或讳疾忌医，不是爱孩子，而是摧毁了孩子成长的动力。针对孩子身上出现的自私、懒惰、骄横、脆弱、懦弱、低能、贪占等带有普遍性的、影响较大的问题，我们在本书中写下了我们的思考及具体做法，与各位父母分享。

韩国的教育一直受中国儒家教育思想的影响，韩国父母非常注重对孩子的伦理道德和文化礼仪教育，以家庭礼仪为中心，孝道、和谐、为他人着想等成为家庭教育的重点。在我们这个"中韩组合"的家庭里，这种传统教育更是深入生活的细枝末节。本书呈现的，是中韩最朴实的教育思想和教养方法。

最后，我衷心希望本书能够成为家长朋友们的好帮手，希望孩子们能够健康、快乐地成长！

第一章

孩子骄横怎么办

父母都对下一代给予了厚望，希望培养孩子良好的品行和高贵的气质，但往往教育不得法，结果用大量的金钱培养了一群骄横的"富二代""官二代"，成为社会的隐忧，家长的负累。

养育孩子，让他有一个好的品性修养远比考个好分数有价值。而这与父母的地位、财富无关，需要的是父母以身作则，正确施教。孩子的个性气质，有很大一部分由先天因素决定。作为最了解他的爸爸妈妈，你对孩子的气质，应该及早去考察。看他是强悍还是温柔，是勇敢还是羞涩，是慈和还是残忍，是开朗还是缄默。

官二代，富二代

我的朋友陈希和她先生早年白手起家创建了一家小公司，近年来生意蒸蒸日上，滚雪球般越做越大，家里的生活条件也得到了极大的改善。为了让儿子明白金钱对于现实生活的重要意义，从儿子很小的时候起，陈希就开始注意培养儿子对物质的感情。每给儿子买一件新衣服，陈希都会告诉儿子衣服的牌子和价钱，并传授儿子："穷人是买不起商场里的衣服的。"每次开车去接儿子放学，陈希都会指着车窗外开着电动车接小孩的家长，对儿子说："如果爸爸妈妈没本事的话，你也只能坐两个轮子的车！"儿子上了初中后，陈希就开始给孩子订阅名车杂志。

在陈希的"精心栽培"下，儿子很快上了道，经常在同学面前炫耀："我这件衣服是刚出来的新款，才700多块！"他平日里待人傲慢，什么都喜欢以钱来衡量，常常讥讽家境普通的同学。有一次与同学发生争执，他二话不说就动手砸了对方的电动车，老师知道后要他道歉并赔偿同学的损失，他满不在乎地说："不就是辆破车吗？我爸随便一个单子就能赚十几万！没钱就别跟我斗，我玩得起！"

孩子的行为都与父母有着千丝万缕的联系。任何父母都不会指使孩子作恶，但父母的某种意识，经过孩子单纯思维的发酵，便可生根发芽，结出恶果，这是有悖于父母的初衷的。我想，

陈希的本意是好的，她希望让孩子明白要通过努力积累资本才能衣食无忧。问题在于，她的一些做法有点过了。处处以物质刺激孩子，只会使孩子变得虚荣、贪图享受；而热衷于与生活不如自己的人进行对照，只会让孩子觉得自己高人一等，因而变得自大傲慢、不尊重他人。

谈到孩子成才，很多父母都会将其与"考名校""高学历"联系起来。很多父母在教育孩子的过程中，也往往注重挖掘孩子的特别之处，希望孩子鹤立鸡群，却忽略了对孩子最基本的道德规范教育，导致孩子缺乏礼仪常识，并在性格中出现骄傲、任性、蛮横等缺陷。这些特征用一个词概括就是：骄横，可以说是现代孩子性格的通病。

孩子成才，从来不是一件一蹴而就的事情，也并非考个好大学这么简单。我们始终认为，孩子成才的前提是成人，成才的过程，就是他养成良好的品行修养、生活习惯和规则意识，形成合理的行为规范的过程。一个谦逊有礼、不娇蛮耍横的人，才有一颗虔诚的心，去感悟生活，认识世界。

研究者发现，孩子骄横性格形成的原因有先天的遗传因素，也有后天的教育因素。大多数父母对骄横的孩子表现出屈从，孩子抓住父母的这一弱点，把骄横作为控制父母的一种手段，无形之中形成了不良习惯。还有的父母对孩子不讲究教育方法，一味渲染地位、权力、金钱的优势，让孩子产生一种优越感，变得目中无人。

我们可能都亲身经历过这样的事情：小时候和小朋友在一

起玩，有的小孩子一旦被欺负了，便会抛出"我爸是警察""我爸是局长"之类的话。只不过这是从一个小孩子嘴里说出来的，没人会当回事儿。但事实上，这些话反映了一种社会现实：在现今社会中，有些人手中掌握着权力，能够对那些没有权力的人实施一种"隐性暴力"。

除了权力，金钱对教育的潜在影响力也非常大。改革开放以来，很多人通过努力获得了巨大财富，这些第一代真正从市场经济中成长起来的富人，他们往往有着兢兢业业、吃苦耐劳、勤俭持家、奋发向上等特质。因为经受过贫穷，很多人有了孩子之后，不想再让下一代重复贫穷的生活，所以加倍疼爱孩子，甚至变成了溺爱。"富二代"就是在这种优渥的条件下成长起来的。

"富二代"如今已然成为我们生活中的一个热门词汇。提到"富二代"，很多人都会流露出鄙视的神情。透过一些热播的电视节目和网络，人们逐渐建立起并默认了"富二代"的形象：傲慢、自大、不可一世、爱炫富，依仗父母的财力和权力为所欲为，横行霸道。他们本身就缺少家族内部的竞争，又过惯了奢侈的生活，如果家庭教育没有赋予他们物质之外生活的足够意义，没有教给他们权钱关系之外的、与别人和谐相处的理由和技巧，他们的骄横气就会滋生。叛逆、嚣张、冷漠、炫富等成了这些"富二代"的标签也就不足为怪了。当然，我们不能一概而论，"富二代"也有自己的烦恼，也不乏有成就、有责任感的社会精英。但正是这一群体的独特性，将他们推到了众人的目光之中。他们成功，人们会觉得他是"有背景"，他们

犯错，也会被无限放大，成为舆论的焦点。

如今，这些"80后"的"富二代"已经成年，结婚生子，为人父母。如果不注重教育方式，这种骄横习气继续灌输给下一代，可想而知，后果将会怎样。

孩子的嚣张源于大人的袒护

在一个家庭中，妈妈往往比爸爸更袒护纵容孩子。我的朋友孝琳就是典型。她只喜欢听别人夸赞自己的儿子，如果别人对自己的儿子持有半点怀疑，就会立刻面露不悦，并想方设法为儿子辩解。有一次，在教室外等待儿子放学的孝琳收到了另一位妈妈的"投诉"："你儿子有点贪心哦！刚刚发下午茶点心的时候，他去抢幼儿园其他小朋友的饼干。"

孝琳先是一愣："是吗？"紧接着摇摇头，"不可能的，我儿子不喜欢吃饼干，平时给他吃，他看都不看一眼，怎么会去抢其他小朋友的呢？"

那位妈妈说："你看看他面前的饼干是不是比别人多？"孝琳看了一下，确实如此，但她还是坚持着："他不喜欢吃，所以吃得慢，别的小朋友都快吃完了，他的饼干当然比较多了。"

那位妈妈笑了笑，不再说话了。过了一段时间，老师向孝琳反映她儿子经常抢其他小朋友的点心吃，孝琳仍是坚持之前的说法，说孩子只是闹着玩，不会故意去抢别人的食物。

在妈妈眼里，自己的孩子永远是最好的，最棒的，同时也是完美的！大部分爸爸妈妈虽然从心里把孩子视为圆润无瑕的珍珠，但嘴上却要将孩子说成一块未经雕琢的原石，因为清楚孩子确有需要提高的地方，这样做有助于实现孩子自身的不断完善。但是有一小部分父母恰恰相反，明知孩子是一块需要雕琢的原石，却将孩子说成圆润无瑕的珍珠。他们护子心切，既不会在人前承认孩子的缺点，也不允许别人说孩子半点不是。

孩子做错事或者存在缺点时，他自己不能明确感知的，需要家长指出并引导孩子改正。如果像孝琳这样一味袒护孩子，故意掩盖孩子的缺点，会让孩子认为自己的行为得到了肯定和支持，从而变本加厉。久而久之，孩子就会忽略或无视自己的不足，认为自己永远是对的，变得越来越骄横，谁也说不得，谁也管不得。

褒贬有度，促成改进

"孩子夸不得"，这个说法有一定的道理。人人都爱接受利于自己的信息，都喜欢倾听别人的溢美之词。但是孩子并不像大人懂得自省。长期将孩子放置在一个褒奖过度的环境中会降低孩子对自我的辨识能力，受到了过多的肯定，孩子便会逐渐膨胀，变得骄傲自大。

我们应当在孩子做得好时作出表扬，但不可放大孩子的优点和成就。另外要注意尽量不要在人前表扬孩子。当别人对孩子表示肯定和赞扬后，要适时提醒孩子："别忘了继续努力！"

　　有一些父母对孩子要求非常严格，希望孩子各方面都很优秀，不允许孩子有失误，动不动就打骂孩子，久而久之使孩子养成了倔强的脾气，而此时大人更是气不过，于是再狠打。这样越打越犟，越犟越打，本来平静随和的孩子，也容易变得脾气暴躁。还有一些父母，孩子本来偶尔发一些小脾气是很常见的，但就认为是孩子任性。于是人前人后地讲孩子多么任性，讲得多了，相当于给孩子负面暗示，反而强化了他的叛逆。这两种家教方式都应竭力避免。

　　孩子耍赖骄横的时候，我们不能迁就和顺从。一味迁就孩子，实际上是在助长他们"以自我为中心"意识的膨胀，容易使孩子变得自私自利，不懂得感激父母，却认为一切都是理所当然的。要注意的是，孩子一开始耍赖的时候要理会他，不要等到不可收拾的时候再去管他，这样容易被孩子的情绪控制，也会强化孩子的情绪，以后遇到这样的情况就更难应付了。

　　当孩子提出不合理的要求时，你一定要态度明确，立场坚定，让孩子明白，这个世界不能为所欲为，应该学会控制自己的欲望。当孩子因为想要东西而闹情绪的时候，你的正确做法是，不要与他有过多的纠缠。孩子想要玩具而趴在地上耍赖时，就应该严肃地告诉他站起来，否则什么都不会得到，然后不再关注他，这样孩子就会觉得自己的"招数"失败了，不会再用这些惯用的"伎俩"，不良的行为也会慢慢地消退。在拒绝孩子的不合理要求时，一定要兼顾两点：一要让孩子明白为什么不能这么做；二要让孩子感到你对他的爱意。比如，不给他再买多余的玩具，但可以给他买图画书、做好吃的饭菜，从而让孩子觉得，不满足他的要求并非你不爱他，而是他的要求不合理。

孩子的思想和行为常常不能自制，说话往往像暴风骤雨一样，但成年人成熟，应该懂得以静制动的道理。在说出你的不满的时候，要小心的是，不要在言语间对孩子的人格做出批判。这样反而会让孩子觉得气愤，不甘心认错。因此，不满孩子的某些行为时，你应该就事论事，比如"攀比不是一个好的习惯，你应该把注意力放在学习上。"其他的批判都是多余的。

先教育你自己，并检验自己的人格

教育家苏霍姆林斯基告诉天下父母：每一瞬间，你看到孩子，也就看到了自己；你教育孩子，也就是教育自己，并检验自己的人格。我们当父母的对了，孩子自然就对了。

家庭教育是一门科学和艺术，与学校教育相比，它更侧重于良好的品德、行为、习惯的培养。在家庭中，夫妻关系、婆媳关系、亲戚关系……对孩子性格品质的形成有着很大的关系。作为父母，必须孝敬老人，夫妻之间要理解和信任，对待朋友要真诚。这是改进家教方式的基础，也是最好的家教方式。

我们成年人，常常以一种不礼貌的方式教育孩子懂礼貌，

以失控的情绪表达方式教育孩子如何理性表达，以不择手段的方式教育孩子做人要正直，以自己越界的方式教育孩子遵守规则。我们示范给孩子看到的，同我们对孩子要求的，往往背道而驰。试想，这样的教育能有效吗？

大人的行为习惯最具说服力。在韩国，一家之长被视为权威所在，全家人都应该听从他的命令或遵照他的愿望行事。儿辈或孙辈违抗长辈的愿望，和长辈耍横，被韩国人视为非常不礼貌的事情。每到寒暑假，孩子都会听讲座，接受"忠、孝、礼"等传统伦理道德的教育。因此，韩国孩子从小就认为孝敬老人、赡养父母是一种神圣的义务。韩国家长非常重视与孩子之间的交流和沟通，并且鼓励孩子自己协调和解决与同伴的冲突矛盾。但是，无论错误在谁，大人和小孩首先想到的是自己的行为是否给别人增加了麻烦和不便，任何时候都应该懂得谦让、不蛮横。

中国自古以来就是礼仪之邦。儒家将仁、义、礼、智、信作为基本的道德规范，礼为"辞让之心"，成为人的德行之一。在家庭教育中，知礼守礼也是重中之重。人们往往将有无礼貌作为衡量一个孩子的教养的重要标准。但如今的年轻父母注重培养孩子的个性，鼓励孩子打破传统，不拘小节，反而丢弃了传统礼仪的教育。张扬个性是一种独特的美，但骄横就是一种顽固的丑陋了。让孩子在个性飞扬的同时学会谦逊守礼才是正确的选择。而这些习惯的习得，不靠说教，要靠父母的潜移默化。大人以身作则、言传身教、遵守秩序，孩子们就会跟着学，从礼貌精神、礼仪形式到实践行动，都有礼有节，谦虚礼让。我们在平日里要注意自己说话的语气和待人的态度，因为你是孩子最直接的学习榜样，你对朋友，甚至是父母都趾高气扬，不讲礼节，孩子能谦逊有礼就很难了。孩子是晚辈，但也需要我们去尊重。大人在强迫孩子做事时，往往表现出一种居高临下、恃强凌弱的专横。孩子会不知不觉地接受这种信息，转而投放到他人身上。我们要尽量与孩子平等相处，说话时少用命令的语气，多用商量的口吻。凡事给孩子一个解释的机会，一点商量的余地。

谦谦君子，卑以自牧

性格决定命运。在孩子成长、成才的道路上，个性是一个不可忽视的部分。很多父母望子成龙心切，但又找不到施教的切入点。不懂得什么性格的孩子喜欢赏识和赞扬，什么性格的孩子适合肯定与鼓励，什么性格的孩子渴望体贴与呵护，什么性格的孩子需要约束和督促……试想，这样下去，还谈何教育，谈何让孩子成才呢？

孩子的个性气质，有很大一部分是由先天因素决定的。作为最了解他的爸爸妈妈，你对孩子的气质，应该及早去考察。这种考察应在约束最少的时候，当他以为自己不在你视线之内的时候。看他的主要感情和倾向是什么，看他是强悍还是温柔，是勇敢还是羞涩，是慈和还是残忍，是开朗还是缄默。认清了

这些情况，再对症下药进行教育。

我们在孩子身上常常看到一种现象：对于弱小的动物，他们常常加以虐待。粗暴地对待落在他们手里的小鸟、小蜻蜓等，并以之为乐。这是应该注意的。有仁爱之心的孩子懂礼，不会仗势欺人、蛮横无理。你应该教育孩子，制止这种残忍的倾向。虐待和杀戮动物容易使他们对待人类的心肠也逐渐变硬，不会十分仁爱。我们要教育孩子，使他们知道，虐待和杀戮任何生物都是一件很恐怖的事情，不要轻易毁灭任何事物，常怀仁慈之心。要细致地引导孩子，让他形成一个开阔的理解力、良好的行为习惯、热爱生命的意识，与他人、与社会、与自然和谐相处的素养，让他活得更自信、更有乐趣、更有人生的追求。言谈举止应谦和，保持一种温和、有礼、和蔼的态度，形成春风和煦的性格。按照西方国家的说法，就是要培养"绅士风度"。

日本经营之神松下幸之助在一家餐厅就餐，牛排只吃了一半。他让助理去请烹调牛排的主厨过来。"是不是牛排有什么问题？"主厨很紧张。"不是，牛排真的很好吃！"松下说，"但我已80岁了，胃口大不如前。我想当面和你谈，是因为我担心当你看到只吃了一半的牛排被送回厨房时，心里会难过"。

松下幸之助的这个故事让我想起了中国的一句古语：谦谦君子，卑以自牧。谦逊为人的态度对一个人个性修养的塑造，以至他以后的个人事业的成功极有帮助。一个有良好教养的孩子才能融入社会、适应社会，为这个社会所接纳，才有施展抱负的空间，胸怀天下的气魄。西方一直把礼仪教育作为品德教育的入门课，认为不礼貌和不文明的行为将严重危害社会各阶层的合作与团结。培养一个彬彬有礼的孩子，并不比培养一个科学巨人省劲儿，小到举手投足、吃喝拉撒、穿衣戴帽，大到待人接物、社交活动，都有一套细致入微的规范。

所谓的绅士风度，我们不必拘泥作狭义理解，其实它就是一种美德和良好礼仪。绅士风度如果恰到好处，会成为孩子身上理想的风采和德行，它让孩子不忸怩羞怯，也不会陷入骄横和傲慢。

绅士教育的一个方法，就是教育孩子不要看不起自己，也不要看不起别人。不要看不起自己，但也不要把自己看得太完美，以致把自己的价值估计得过高，产生莫名其妙的优越感。不可因为自己具有某些优势，比如长得漂亮、家境优越等，便以为自己高高在上。

我们成年人基于生活实践，特别是一些负面的经验，有时反而会觉得，某种程度上的粗鲁随意，更容易与人打交道，促成事情的解决。比如，你因一件衣服有质量问题而要求退货，导购小姐以各种理由拒绝，这让你大为恼火，觉得她与之前那个温顺体贴、承诺衣服绝对有质量保证的人完全不一样了。此时，你退一步，就得承受花钱买了件不能穿的衣服的沮丧和愤怒，但如果你忍无可忍，大吵一番，找领班说理，甚至到商场的客服中心投诉，这件事情多半会解决。正是因为我们成年人经历得多，对社会的潜规则有了深刻的领悟，有时候面对单纯

善良的孩子，反而显得无所适从。的确，人与人之间修养有别，社会风尚有气候，具体是非有背景，但这不是变坏的理由。生活的重点不是强迫别人为自己改变，重要的是塑造属于自己的那一部分：让孩子有良好的行为修行。不管何时何地，一个有教养的孩子，一个彬彬有礼的孩子，总会得到别人的青睐。

有教养，担当，追求自由

法国大革命时，路易十六和皇后都被送上了断头台，皇后上断头台时，不小心踩到了刽子手的脚，皇后脱口而出："对不起，先生。"

这个细节，体现着真正的贵族精神。这是平时所自然形成的礼貌习惯，不像有些蛮横之人，开着名车撞倒人，不仅不道歉，还要打被撞的人。

中国的父母都对下一代给予了厚望，希望培养他们高贵的气质和良好的品行，实现自己未完成的心愿或继续父辈的辉煌。但望子成龙的父母却没有搞清楚，什么才是真正的贵族精神，怎样才能让下一代成为精英人才。结果，金钱培养了一群骄横的"小皇帝""小公主"，却没有让他们拥有真正的贵族气质。

贵族精神，不是炫耀金钱，更不是划分阶层，与普通大众划清界限，保持高高在上的地位。贵族精神，意味着教养、责任和自由。教养意味着每一个人都要有精神追求和对品质的追求；责任是要有担当，承担起公共责任；而自由，不仅要追求不受强制的权利，而且要有政治参与的自由和内心的自由。贵族精神不是一种装饰，而是深入骨子里的高贵气质，它不是骄横，而是谦卑。

贵族精神的重要标志就是责任。现在的一些富人自认为是贵族，他们认为贵族就是有钱、有特权、有尊严，这个尊严从哪里来呢？就是所谓的特权。权有两种，一种是权利，另一种是权力。权利是法律赋予每个人之所以为人的基本自由，而权力是指能够控制和主宰别人的一种权势。很多人的观念里面没有权利，只有权力。权力越大，意味着权利也就越多。

孩子的高贵气质的培养不是一朝一夕就能完成的，它需要长期的积累，是家庭、学校和社会共同培育的成果。中国人也很讲究家教，但是现代人把家教理解得很狭隘，周末送孩子去弹钢琴，或者让孩子背《论语》，把家教理解为知识，好像知识越多家教越好。实际上，这只是表面功夫。教养不一定是知识，它是一种自然形成的气质，是在日常生活当中形成的亲切与自然，是深入到一举一动中的优雅与高尚，这是一个氛围，是被熏陶出来的，不是教出来的。有些父母不惜重金送孩子去学各种贵族知识，但在家里说话谈吐却很粗鲁，缺乏基本的教养，这使得孩子虽然有知识，却不一定有教养。这几年中国的很多所大学，特别是理工科大学比较重视人文教养，甚至把《四书》作为公共必修课，以为人文教养就是通识课教养，上几门人文知识的课程，大学生便有了人文精神。这又是一个大大的错误。

人文教育不是通识教育，它像家教一样，不是灌输一些知识，而是要通过熏陶，通过各种道德和社会的实践让学生成为博雅之士。确切地说，人文教育的核心不是通识教育，而是人格教育。这种教育重在塑造一种修养，和金钱无关，和地位无关。

可以说，在一个没有贵族的时代里，贵族精神，就是现代的公民精神——有教养、担当责任、追求真正的自由。你也许家财万贯，也许家世平平，但这不是教育的根本。不管物质条件如何，父母始终要铭记：要让孩子成为一个合格的现代公民——有教养、担当责任、追求真正的自由。

别让奢华生活束缚孩子

每天放学的时候，我总发现，在中国城市的任何一所小学，都有同样的盛况出现：许多家长默默地列在校门两侧，孩子蹦蹦跳跳地跑出来，几乎是所有孩子的书包都在顷刻间移向了大人的手中，即使是白发苍苍的爷爷奶奶，也同样"不甘示弱"，背起书包，老仆人一般紧赶着小主子。

这种场景让我感慨万分。我想起了在韩国时候的经历。有一所学校，为了不让孩子忘记过去最困难的日子，就给孩子进行"吃苦教育"，学校丰盛的午餐改成了"忆苦饭"。结果，孩子面对当年大人们吃过的糠菜号啕大哭。一连3天，孩子都拒绝吃，但校方毫不动摇，第4天，孩子终于咽下了这顿"忆苦饭"。

韩国的父母经常带着孩子去森林露营，面对无淡水无食物的大自然，自己动手，营救自己。父母们都懂得，生存意志的教育非常重要。国家强盛，生活日趋富裕，但优渥的物质条件也会削弱孩子应具备的人生忍耐力和坚忍不拔的意志力。

孩子身上出现的动武、以强凌弱、违法乱纪的现象，已经迫使社会各界产生了危机感。为此，韩国的很多学校经常组织各种活动。一所学校给学生布置的暑假作业就是写学工报告。我们来听听一个参加学工活动的韩国中学生的感想：

暑假，我在一家油漆厂当学工。上班第一天，厂主的儿子们热情地向我打招呼，并指给我看一些悬在头顶上的巨缸，它们被高大的铁索和铁钩固定在高处，过了一会儿，车间主任叫我："正勋，我还缺少一副天钩，你能到隔壁那个部门取些来吗？"

然而，那儿没有天钩，我又被指点到综合部去，可那儿也没有……我急得团团转，问遍了在路上遇到的所有人。

当我两手空空狼狈归来时，同伴们不约而同地哈哈大笑，并告诉我，根本就没有"天钩"这个东西。这家工厂的工人总是用"天钩程序"来结识新雇员。学会接受善意的恶作剧，是我上的第一课。这比在学校里和同学们开玩笑，让我难堪多了。

新雇员开始时必须涂抹和粉刷厂房的外墙。有一次，我在火热的太阳底下连续工作了几个小时，双手酸软地回到家中。我忽然意识到，一个男人最好的朋友就是他的手指头。看着厂里工人们每天超负荷地劳动，身体剧烈地运动，我渐渐学会了

如何去尊重一个正直而诚实的劳动者。

那天当我刷完第一面墙时，几乎所有在近处干活的工人们都跑到门外对我鼓掌。这个情景一直深藏在我的脑海里，我由此领悟到了劳动的价值，虚心求教、踏实生活的快乐。这个夏天，我获得了许多新技巧和新的价值观。

回家后，我改变了许多，妈妈惊讶于我的改变，说我成熟懂事了。要知道，以前我在家里和学校里多调皮啊！

现在的孩子们生活在一个富有的年代，优越的生活条件已经使他们不知道什么是贫穷与艰难，过分溺爱自己的孩子是很多父母的通病，也使得今天的父母面临一个让他们不知所措的问题。过分溺爱孩子的结果是让孩子变得懒惰、脆弱、娇气、依赖性强、不思进取……

爱孩子是父母的责任，也是父母的天性。但在爱孩子时也要明白，什么才是真正的爱，什么样的爱才有意义、有价值。在我看来，父母应该给孩子在情感和心理上足够的关注和高质量的陪伴，但物质上，应该给他一种朴素的生活和上进的生活观。不回避挫折和苦难，不放弃奋斗和挣扎，不用奢华的生活、无节制的物质刺激和欲望满足束缚孩子。要给孩子更多有关未来的可能，以及对梦想心无旁骛的专注和执着追逐的勇气。希望我们做父母的能重视吃苦对孩子的教育意义，并积极行动起来，让孩子吃点苦，在劳动中锻炼品性，磨掉身上的娇蛮气。

第二章

孩子自私怎么办

　　自私自利之心，是立人达人之障。自私与利他之间的平衡很重要。父母要从小培养孩子的"所有权"意识。让他知道，别人的东西不经同意不能随便拿，自己的东西由自己支配，别人也不能随便取用。公共用品，谁先拿到谁就有权先使用，后来者必须等待。分清私有与公用，孩子长大后才能适应公共生活的规则。

　　同时，要懂得利他。无私给予、忘我奉献不是他必须遵守的道德规范，但要让他明白，给予别人是一个重要的生存武器。一个人，没有对别人的付出、给予和关怀，就很难在这个社会上生存下去。

利己，还是自私

一场惨烈的战争结束了，一个美国士兵打完仗后回到国内，在旧金山旅馆里他辗转反侧，夜不能寐。午夜，他给家中的父母打了一个电话。

"爸爸，妈妈，我要回家了。但是我要你们帮一个忙，我要带一个朋友一起回来。"

"当然可以。"父母回答说，"我们见到他会很高兴的。"

"但是，有件事一定要告诉你们，他在可恶的战争中受了重伤，成了残疾人，少了一条腿和一只手。他已无处可去，我希望他能和我们住在一起。"

"我们为他感到遗憾，孩子，我们帮他另找一个地方住下，好吗？"

"不，他只能和我们住在一起。"

"孩子，你不知道，这样他会给我们造成多大的拖累，我们有我们的生活。孩子，你自己一个人回家来吧。会有人照顾他的……"

话没说完，儿子的电话就断了。

父母在家等了许多天，未见儿子回来。一个星期后，他们接到警察局打来的电话，被告知他们的儿子坠楼自杀了。悲痛欲绝的父母飞到旧金山，认出是他们的儿子，然而，他们惊愕地发现：儿子少了一条腿和一只手。

看完这个故事，爸爸妈妈们有什么感想呢？士兵父母的做法，是出于利己考虑，还是自私冷漠呢？通过这个故事，我们可以引出"利己"和"自私"的概念。

"自私"一词的含义是，"只为了自己"，即"行事只为满足自己的某种需要"。也就是说，自私是一种利己的行为。从人性的角度来看，"利己"并没有对错之分，它是人性中最深刻、最稳固的基本属性。

正所谓"己所不欲，勿施于人"。如果利己超过了一定的程度，就变成了有害的自私。而这种自私，不仅会让人变得冷漠无情，而且可能会让内心变得空虚、迷茫，失去朋友，无法顺利融入这个社会。

孩子有他的生存秩序

从超市回来，一进门，我就兴奋地朝峻康喊："宝贝，看妈妈给你买什么好吃的了？"

"我最爱吃的大苹果！"峻康跌跌撞撞地跑到我面前，抢苹果吃。

我急忙走进厨房，洗干净了苹果，然后切成几个小块。

"妈妈，为什么要切我的大苹果！"峻康生气地说。

"分给爸爸妈妈吃呀，这么大一个苹果，你自己怎么吃得完？"

"这是我的苹果，我的！你们都不许吃！"

"可你的小手，根本连这个苹果都拿不住哦！"

"我两个手抱着！"

在养育儿子峻康的时候，我们总会发现形形色色的问题。比如这件事，有时都感觉好委屈。妈妈辛辛苦苦给他买来苹果，他却不分给妈妈吃，怎么那么"自私"呢？

爸爸妈妈们，你们是不是也有这样的困惑呢？但面对天真的孩子，我们不能去怀疑他、否定他，而是应该试着了解他，当我们问：孩子不听话、哭闹、自私、胆小，该如何管教时，其实已经偏离了教育的方向。如果我们能自问：孩子为什么会有这些表现？我如何做才会让孩子更愿意沟通、更有安全感、更有爱心、更勇敢……我们会发现，问题解决起来远比想的简单。

自私是我们成人世界的用语，它带有道德性的判断。给懵懂的孩子扣上一顶"自私"的帽子，对他们进行道德审判是不恰当的。低龄的孩子，他对自己的关心要多于对周围人的关心，这是孩子心理发育过程中的正常表现。

爸爸妈妈们知道"秩序感"吗？它能解释孩子身上很多奇奇怪怪的现象。儿童秩序感是由意大利幼儿教育家玛利亚·蒙台梭利首次提出的，她搜集了大量关于幼儿秩序感发展的实例，并从观察中得知：幼儿从出生几个月后，一直持续到第二年，有一种对"秩序"及"一致性"敏感的时期。"秩序"指幼儿能辨认出环境中物品与环境的关系，也记得每件物品放置的位

置。"一致性"是事物进行的固定顺序。幼儿基于上述的敏感性，产生对周遭事物的理解。

一岁之后，孩子对于秩序开始有一种近乎顽固的追求：他们坚持每样东西必须归其"主人"所有，他人不得动用。他们不仅不愿分享自己的物品，家里其他人的物品也不能随意交换使用。他们坚持拿到手里的食物、玩具等必须是完整的。给孩子买来雪糕，你没有征求孩子的意见咬了一口，孩子撒泼打滚，会要求你把吃进去的吐出来。峻康要吃苹果，我认为他不可能吃完一整个，把苹果切成块，他会大哭着拒绝接受，与他的秩序感有很大关系。这个时候，我们就不能武断地认定这是自私的表现了。

从幼儿的心理发展层面上看，婴儿期也是以自我为中心的时期。2~5岁时，儿童正在发展从多种角度、多种立场考虑问题的能力。最初，他们在观察事物和考虑问题的时候，还不能超出他们实际所看到的。他们没有认识到人们在从各种不同的立场，以不同的方式看待同一个事物，也很少知道别人会有与他不同的情感。因此，儿童在对待事物和他人的时候总是直接地联系自己，一切以自我为中心。同时，这个年龄段的孩子的交往还是一种初步的随意性交往，他们还不会和同伴友好相处。在他们看来，一切都是"我的"，不考虑别人的权利与要求，他们不知道别人也在玩，不会商量着办事，也不会自我克制，与别人分享喜欢的东西就更不可能了。

因此我们说，对于幼小的孩子来说，"自私"是正常现象，甚至是通向"分享"的必经之路，他们必须经由心智成长的历程才能逐渐领悟、学会分享。在这个阶段，孩子会逐渐建立"所有权"的概念：我的、你的、他的。只有确认了什么是"我的"，他才能逐渐意识到什么是"他的"，把自己的物品跟他人的物品分开。

孩子的占有欲强代表他自我认同感的提升，所以，从另一方面说，这是个好现象。过了这个阶段，当他建立了良好的自我认同后，他会慢慢认识到，除了自己以外，还有别人的存在，在想到自己的同时，必须要想到别人，这是一个很长的过程。随着孩子年龄的增加，接触的人越来越多，他会逐渐产生与人共享的意识，特别是，当他意识到这个东西的所有权并不属于他的时候。父母们的责任是训练孩子逐渐摆脱以自我为中心的束缚，逐步形成利他行为。在这个过程中，如果父母的引导教育方式不当，孩子就不能顺利完成从利己到利他的过渡，继而形成自私的心理。

爱在单向流动

和峻康约好，周末要去动物园看长颈鹿，可是周五的晚上，峻康的爸爸突然不舒服，就对峻康说："如果明天爸爸还不舒服，我们就不去看长颈鹿了。"

长颈鹿可能看不成了，峻康很不高兴，撅着嘴不说话。

"爸爸不舒服，我们应该在他身边照顾他，假如你生病了，是不是也希望我们照顾你？"

峻康勉强地点了点头。

看妈妈忙着照顾爸爸，而他也非常关注爸爸的身体，似乎对去动物园还抱有一丝希望。过了一会儿，他跑来问："爸爸，你好些了吗？"

为了不让峻康担心，峻康爸爸笑着说："好多了。"

峻康听了很高兴，赶快跑到我面前说："妈妈，爸爸说他舒服一些了，那明天我们可以出去玩了吧？"

看着峻康渴望的眼神，我们都无法拒绝。第二天，峻康爸爸强打起精神，全家人一起去了动物园。

宠爱孩子，即使大人受点苦也心甘情愿。可回来后，峻康妈妈说，那天在动物园，看到生病的我仍坚持陪着峻康，心里酸酸的。我们当父母的，是不是因为孩子小，就不去教给他一些为人处世的道理呢？有了孩子之后，我们处处为孩子考虑，甚至忽视了爱人，这样做是不是也很"自私"？孩子做事不考虑大人的感受，自私自利，是不是爸爸妈妈无意中造成的呢？

默许、迁就甚至纵容孩子的自私行为在我们的家庭生活中是普遍存在的。这表现在孩子做出过于利己的行为时不加以制止，甚至表现出默许和赞成的姿态。比如，一些妈妈会忽视孩子吃独食的举动，即使发现了，也不会明确制止。有的妈妈甚至在不知不觉地培养孩子吃独食的习惯。在肯德基或麦当劳，我们常常会看到妈妈们坐在孩子对面深情地看着孩子开心地啃鸡腿，自己却一口也不吃。偶尔孩子会把啃了一半的鸡腿递到妈妈面前，妈妈们只是感动地一笑，将孩子的手推回去，说："妈妈不喜欢吃，你吃吧！"

这完全出自妈妈对孩子无私的爱！这一点我十分肯定并为之深深感动，但是我对这种表达爱的方式持有怀疑态度。每一个家长都希望把好东西留给孩子，但是不表示孩子应该独享好东西。因为孩子毕竟还小，不可能完全领会父母的爱和良苦用心。大多数孩子反而会觉得也许爸爸妈妈真的不喜欢吃，或者大人应该让给小孩吃。渐渐地，孩子在吃东西的时候就不会再想到自己的爸爸妈妈了。

其实，每个人都希望被理解、被尊重、被关爱，我们的职责是要让孩子明白，这样的需求是双向的，如果我们不能给予别人这些，自己也就无法从别人那里得到。但爸爸妈妈们因为爱孩子，经常会把自己定位为超人，尽可能为孩子创造好的环境，尽可能满足孩子的需求，从来不让孩子知道自己也有需求、也需要被关爱。殊不知，这样做只会让孩子养成以自我为中心的思维模式，自私的性格悄然养成。

过度关注滋生优越感

除了家长自身的行为和性格特征对孩子造成的影响外，孩子的整个成长环境——家庭环境也是非常重要的。

家庭环境，包括家长给孩子营造出的整个家庭氛围，及所有家庭成员身上显现出的性格特质。而这种氛围就是通过家长对孩子的有意识地教育和引导来完成的。

自私自利之心，是立人达人之障。没有谁能凭借一己之力驾驭生活。现实中，很多人正是因为狭隘自私，不能与他们互利共赢，而失去了发展的机会。作为父母，更要懂得，通往成功的路上，孩子不应该孤军奋战。要警惕孩子陷入自私自利的境地之中。那么，什么样的教育方式会造成孩子的自私性格呢？

过度关注让孩子产生优越感，这是造成孩子自私的根本原因，却又是最易被父母忽略的隐性原因。父母们往往认为：为了孩子的健康成长，我应该时时刻刻关注他的一切，知悉他的冷暖，了解他的喜怒，挖掘他的心思，预知他的动机。这是身为父母应该做的事，不关注自己的孩子的家长是不负责任的家长！对，完全正确！问题在于，关注和过度关注是不同的概念，也会带来不同的后果。很多爸爸妈妈在不知不觉中就做过了界。

请各位家长，特别是妈妈们看看以下几项你们做过哪些？

1．担心孩子在幼儿园被别的小孩欺负或被老师忽略，特别拜托老师甚至通过送礼的方式请老师多多关照自己的孩子。

2．当孩子和别的小朋友一起玩耍时会在一旁监视着，担心孩子会吃亏，发现一点问题就立马走过去将孩子拉走，不让他和那些小朋友玩。

3．在接送孩子的时候怕孩子受累，自己背起小书包。

4．孩子五六岁了，仍然在给他喂汤的时候帮他吹冷。

5．即使孩子上幼儿园了，还是担心孩子怕黑或夜里下床走动时碰伤。

6．夜里孩子要喝水，会亲自把水送到孩子嘴边。

7．怕孩子受伤，不让孩子参加学校的长跑训练。

8．孩子要吃水果时会亲自帮他洗净，即使孩子自己洗过也会帮他再洗一遍。

9．在孩子做作业的时候不断地问他："你饿吗？要不要吃点什么再做？"

10．偷看孩子的日记或偷听孩子的电话。

如果以上 10 项您做到了一半以上，那么，您对孩子的关注就有些过度了。

过度关注对于孩子的自私性格的形成起着潜移默化的作用，会给孩子造成一种"所有人都应当关注我，我生来就优于常人"的错觉。在受到特殊对待的同时，孩子也会特殊对待自己，并对周围的环境提出特殊要求。一旦别人满足不了他的特殊要求就会发脾气，甚至做出一些极端的举动来吸引别人的注意。久而久之，孩子就会加强幼儿时代思维中的"我即世界"的观念，一切以自我为中心，不与他人分享，也不会体谅他人。

警惕美德流于狡猾

孩子在一岁半至两岁之间会出现"自我"的意识，做出一些利己的行为。而有些家长就特别喜欢放大孩子的这种行为，喜欢把孩子培养成"小人精"，好显得比同龄小孩更加懂得维护自己的利益，更加聪明。

大学时我住在学校宿舍，记得有一晚熄灯后大家聊起自己小时候的趣事。其中有一个女生讲道："我小时候就特别聪明。3岁的时候，有一次在饭桌上，大家指着盘子里一大一小两条鱼问我'一条给你，一条给奶奶，你选哪一条？'你们知道我怎么回答的吗？哈哈！我说'小鱼有刺！'多有水准的回答呀！我年纪太小了啊，小鱼有刺我当然不能吃啦！言下之意嘛，就是我要大鱼！直接说就显得我不尊重老人或是自私啦！"

然后其他人都问："那你家人当时什么反应？"

"当然开心地大笑啦！这事还是长大后我妈讲给我听的，说我小时候可精着呢！"

这位同学的妈妈真是"小人精"家长的代表，竟然将这个例子作为小孩聪明的证明一直记着，并在孩子懂事后以肯定赞扬的态度讲给孩子听，以致我的这位同学直到上了高中仍然觉得她的做法很聪明。

父母不经意间做出的举动，会影响孩子的性格，这种影响将贯穿他生命的始终。大部分父母都希望孩子能懂得分享，学会"孔融让梨"，但往往忽略了细节上的教育漏洞。我想说的是，身为父母，你一定要自己先分清楚，什么是真正的美德，什么是狡猾。美德，使一个人能够妥当处理和他人的关系，获得别人的认可。这是一种善良的天性，是爸爸妈妈们都希望孩子拥有的。但是要警惕，美德最容易变成狡猾。

狡猾只能因为缺乏理解和德行，不能达到目的，于是就用计谋和欺骗去达到。它的害处在于，狡猾可能使你占一次便宜，但是以后要吃亏。无论怎样掩饰，决不会一直哄骗下去，使人们一直蒙在鼓里。

现实中，很多爸爸妈妈容易混淆两者的概念，觉得孩子的一些小心思、小伎俩是聪明的表现，智慧的象征，并加以默许，甚至逢人就夸孩子是"小人精"。却不知，孩子在这种氛围的影响下，会逐渐学会算计、钻营、耍小聪明。正常的"自我"便逐渐膨胀、扩张，最后演变为过分的、顽固的自私。

没有给予就不能生存

通过前边的讲述，孩子为什么会有自私的心理，您应该清楚了吧？不可否认，最古老、最深切的人性就是自私，但如果人人都标榜人心险恶，世道不古，信奉自私为座右铭，那么这个世界必将暗无天日。自私自利，不顾及他人，也是孩子成才之路上的绊脚石，会让孩子陷入孤军奋战的境地。我们要教育孩子，要维护自己的利益，但也应心怀他人，奉献他人。

为他人付出并不像说得这么容易，因为有的时候，给予和关怀会涉及自己的直接利益。尤其是现在这个竞争激烈的年代，为别人付出往往会被认为是傻瓜。但这只是一些鼠目寸光之人的想法，纯真的童心决不能受此思想的污染。给予不是必须遵守的道德规范，但在当今人际关系错综复杂的世

界中，给予别人是一个重要的生存武器。一个人，没有付出、给予和关怀，就很难在这个社会上生存下去。如果我们只注重孩子自身的成长和发展，排斥别人，将会把孩子推向一条不归之路。

孩子小，他们的思维、行为都会受到父母的影响。托尔斯泰说过，一个人越聪明、越善良，他看到别人身上的美德越多；而人越愚蠢、越恶毒，他看到别人身上的缺点也越多。别人，包括外人，当然也包括孩子。爸爸妈妈们的视角，引导着孩子的行为动向。

韩国前任总统李明博在获知自己当选韩国总统后，给已经过世的妈妈写了一封信。在信中，李明博对妈妈"虽然我们很穷，但还是可以堂堂正正地去帮助别人"的教导充满感恩。正是这种无私的大爱，让他懂得了无私无畏，也因此得到了众人的帮助。这封信也从另一角度说明了家庭教育环境和父母的教育理念对一个人成长的影响。

妈妈：

2007年12月20日凌晨的这个时间，我呼唤您。

妈妈，我的妈妈。

您的儿子成了这个国家的总统。就像我小时候您经常教导我的那样，现在我成了一个真正能帮助邻居、老人、弱者、需要工作的年轻人、皱纹日益增多的家长、白天工作晚上学习的产业主力军以至这个国家所有国民的人。

　　昨天晚上确定当选的 10 点左右，我在汝矣岛大国家党竞选总部发表了胜选致辞，回到家时已经 12 点多了。其间见了很多人，他们一致为我的当选而高兴，而我却深深感悟到给予我的历史使命将是更大更重的。

　　妈妈，刚才在回家的路上，我突然想起小时候，您微笑着给我盛了满满一碗米饭，当时虽然您是微笑着，但眼睛里却含着泪水……

　　那天就是我的生日，是妈妈您给予我生命的日子，12 月 19 日。应该是我在浦项上小学二三年级的时候吧。

　　妈妈您经常对我说：

　　"明博啊，你已经长这么大了，该懂得为别人做事了。"

　　哪家邻居有红白喜事之类的，您总是让我过去帮忙，还叮嘱我说："干活卖力点，但绝对不能吃人家的东西，一口水也不能喝。"

　　那时候我虽然不明白妈妈的意思，但我还是按您的话去做了。其实，在别人家碰钉子的次数也不少，但我怕妈妈您难过，没告诉您。有的人家以为我不是去帮忙，而是去混饭吃的，所以看我的目光都是冷冰冰的。我觉得委屈，心里也抱怨过；但是后来，我懂得了妈妈的心意。虽然我们很穷，但我们还是可以堂堂正正地去帮助别人，甚至帮助富人。在时时刻刻担心温饱的处境中，妈妈把我培养成了一个心灵富足的人。所以后来在社会上，无论遇到多么位高权重的人，我都可以毫不畏缩、堂堂正正地说出自己的信念。

在小时候那么贫穷的状况下还能对邻居有所帮助，这一点让我养成了很好的习惯，即不是从他人那儿得到些什么，而是相反地给予别人的习惯。把别人的困难当成自己的那种助人为乐的态度也是因为有了当时的体验。正是从那时候起，我养成了设身处地为他人着想的习惯。

妈妈，如果不是您的教导，我怎么能在一生中遇到那么多帮助我的人呢？您的那句"和从别人那儿得到相比，给予别人才是更幸福、更有价值的"的话，比起这世界上任何学校的教育更有价值。

您对我的教导几十年来一直鞭策着我。我在 12 月 7 日发表了捐出全部财产回报社会的声明，也是因为有您的教导。有人嘲笑说这是为总统选举拉票而玩弄的权术，但您知道我不是这种人。我会遵守这个约定的，因为这也是跟您的约定啊。

请妈妈监督我。

我要遵照您的话，做一个为国家献身、没有任何私心的总统。

我将要做的事情很多：

我要用战胜不堪回首的贫穷的经验，建设一个让那些努力工作的人能成功的国家；

要在这个国家消除贫穷，让所有人都过上幸福的生活；

要把国民放在首位服务于他们，让我们的国家充满生机；

要使我们的国家朝着再次繁荣的目标奋勇前进。

妈妈，我会一直在前面，竭尽全力飞奔的。

只要我还有些力气，我就会不停息地奔跑的。

妈妈，我爱你！

别让爱逾越规矩

很多爸爸妈妈懂得身教的重要性，可有时候，却忽视了身教的细节。我想问问妈妈们，当孩子跟爸爸妈妈、爷爷奶奶一起吃饭的时候，一大桌子菜全上齐了，这时候，你首先会怎么做呢？

"宝贝，妈妈特别为你炒的这盘菜，赶快多吃一点。"你可能会不顾劳累，第一个想到给自己的宝贝夹他最爱吃的菜吧？而爷爷、奶奶都很疼孙子、孙女，也会不甘示弱地说："乖宝贝，这两盘菜也很好吃。"然后夹菜喂孙子、孙女吃。

这样，所有的家人都争着为孩子服务，孩子能不产生自私的心理吗？

要培养一个懂得分享、不自私自利的孩子，你首先要成为一个以身作则的父母。教育不是讲大道理，而是在一言一行中慢慢渗透。"知所先后则近道矣"，长辈为先，晚辈在后，这是我们都懂的道理。这么简单的道理，在孩子面前怎么都忘了呢？夹菜的先后顺序做错了，为人子之道就错了，同时为人父母之道也错了。

别再这样宠溺孩子了，此时，如果你把第一口菜夹给爷爷

奶奶吃，孩子看到了，虽然小的时候他不懂，但好善好德是人的天性，他自会效仿父母的做法。教孩子从小孝顺长者，对长者有礼敬的态度，时时刻刻为长者着想，他就不会自私，也不会贪心。

在中国生活的这些年里，我更加体会到韩国受中国传统文化的影响之深，在教育方面更是与中国有很多共同之处。讲究礼貌、尊重长辈是韩国少儿教育的基本要求。韩国父母也非常重视对孩子进行敬老孝老的教育，让孩子从小就懂得尊重长辈，走路不和老人并肩而行，而是错后一步。和同伴在一起时，尊重比自己年长的人，对老师和家长也要恭恭敬敬。

我们有两个可爱的孩子，女儿真爱和儿子峻康。和天下所有的父母一样，我们对一双儿女的宠溺都是不自觉的，有时候会忘了规矩的存在。但我们也会时常地反省，看看这段时间对他们的教育是不是合理，并常常告诉自己：养育孩子，一定要保持理性，不要让爱逾越规矩。

逢年过节给老人买东西，我们总是让孩子们知道，还常常让他们去为长辈挑选礼物；周末郊游，总是在带孩子同行的同时带上家里的老人，既让他们放松心情，也让我们共享天伦之乐；遇到烦心事，我们也总是听取父母的意见。我们也从不在小孩面前掩饰自己的爱：餐桌上，在给真爱、峻康夹菜的同时不忘给爸爸也夹一筷子；一个西瓜切开，总是一家人围在一起吃，偶尔一方不在，就留一部分等对方回来吃。

爸爸妈妈们，教育孩子要慎于开始，精于细节，从小一定要教对的。什么才是做人处事正确的态度？假如父母都不明白，怎么能正确地引导孩子？教子教女，先教己，一定要从自己做起，做孩子的好榜样。我们自己对了，孩子自然就对了。

别人的东西不可以拿，自己的东西自己支配

很多爸爸妈妈会觉得，要让孩子不自私，让他多和别的小伙伴分享他的东西就行了。其实，这是一个很大的误区。前边我们已经提到，强迫孩子分享会导致孩子所有权认知混乱。也就是说，分享是以拥有为前提，建立在快乐基础上的。一个不懂什么是"我的"的孩子，也不会懂什么是"你的"。

面对孩子的"自私"行为，父母首先不要以道德角度去评判，他也许只是缺乏所有权意识，以及表达自己情绪、关注他人感受的能力。矫正开始的时候，首先要培养他的"所有权"意识。让他知道，别人的东西不可以拿，自己的东西由自己支配。

培养孩子的"所有权"意识是一个漫长的过程。首先，孩子早期的"索爱"体现很关键。0～6岁是孩子索取爱的阶段，孩子时常会伸出双臂，表示"妈妈，抱抱"。只有在这个阶段，父母给予孩子足够多的爱，孩子享受到被爱的幸福，才会有把爱回馈给别人的意识。在这个阶段，孩子会模仿爱，父母如何爱他的，他就会模仿并把爱回馈给父母。

当孩子出现霸占别人的物品、过度保护自己的物品的情况

时，我们不应感到不可理解。维护自己的东西是自我意识的萌芽，是所有权意识建立的必然过程。父母可以通过示范、游戏、故事、绘本等方式让孩子理解交换、借还等所有权概念，明白什么是"我的""你的"；教会孩子如何恰当表达自己；制定必要的规则，温和而坚定地执行。若孩子经常抢夺别人的玩具，可让他多和稍大些的孩子一起玩，让他学会收敛自己，假如他的玩具经常被别人抢夺，则可让他与小一些的孩子玩，这样也利于他自我意识的发展。不要强迫孩子将自己喜爱的玩具让给别人，这样不仅不会让他懂得礼让，还会让他误会大人也要抢夺他的玩具，从而护得更紧。

培养孩子的所有权意识，还要尊重孩子的物品，不随意乱动和处置孩子的东西。培养孩子的规则意识，爸爸妈妈们自己先要不越界，在尊重孩子成长的基础上和孩子一起做约定，自己带头执行。随着孩子自我意识的进一步发展，对"我""你""他"的概念便会有进一步的认识，这种强烈的占有欲、"自私"就会明显好转，对别人的玩具感兴趣时会懂得借，也会把自己的玩具与小伙伴分享。

另外，"所有权"的延伸意义还有，必须遵守物品使用的规则。比如所有公共用品，谁先拿到谁就有权先使用，后来者必须等待。这有利于孩子长大后适应公共生活的规则。

在这个过程中，应当注意在实际生活中适时插入言语教育。比如，在给孩子买好吃的东西时，对他说："这么好吃的东西，我们应该送去爷爷奶奶家，让他们也尝一尝！他们平时也给你吃了很多好吃的，对吗？"或者在孩子与其他小朋友一起玩得很开心时对他说："你开心吗？和大家一起玩这些玩具是不是比你一个人玩要有意思多了呢？下次还要和大家一起玩啊！"随时随地给孩子灌输一点分享的思想，让他的意识里不再只有自己，而能关注到别人。

此外，要给孩子创造分享的机会。比如，定期举行家庭聚会，让孩子们一起玩耍，一起分享食物，在这个过程中适当表扬乐于分享的小孩，使其成为其他小孩的榜样。另外，还可以邀请孩子的小伙伴来家中做客，给他们举办小交流会，鼓励他们互相分享自己收藏的小物件。这样既能让孩子体会到分享的乐趣，又能让孩子拓展视野，学到更多知识。

不要迁就他的私欲

"妈妈，我要这个小飞机！"

"不是已经给你买了一个了吗？"

"这个好，再买一个！"

"我们买个机器人好不好？你看它多有趣。"

"不嘛，我就要小飞机！"

"今天已经买了这么多东西了，看妈妈都提不动了，咱们下次再买好吗？"

"我不，我就要这个！"

见软磨不起作用，峻康又故技重施，大哭起来。

这样的伎俩已经用过很多次了，这次，我实在无法迁就他了。

"峻康，在这么多人面前哭闹，你很自豪吗？"

"你给我买小飞机，我就不哭了。"

"你都学会和妈妈讨价还价了。"

"妈妈……"

"家里已经有一个小飞机了，还是崭新的，怎么还要买？并且，妈妈跟你说了，今天买的东西太多了，妈妈提不动了。"

峻康看妈妈来硬的了，只得见好就收，慢慢停止了哭闹，来拉我的手。

"妈妈，我给你提这个袋子……"

我掐了一把峻康的小脸蛋，对他笑了笑。

很多父母认为现在生活条件好了，孩子又是独生子女，当然要给孩子特殊的关心和照顾。还有的父母认为对孩子的生活和学习多照顾点，对孩子的健康成长有利。这种"一切为了孩子"的深情和责任心是无可厚非的，问题在于我们是不是要满足孩子提出的所有要求呢？还是只满足其中合理的一部分？

明明知道孩子是在无理取闹，我们当父母的，特别是妈妈会觉得，他们的要求无非是买点好吃的或买点玩具，没什么大不了，在孩子撅嘴、发脾气等一系列威胁下便妥协了。而孩子的又一次轻易得逞则会让他的要求越来越多，变本加厉。可是随着孩子渐渐长大，加之从小一直要什么有什么，他的欲望也会越来越多，胃口越来越大。当我们不愿再满足他或是没有能力满足他时，他所有的自私蛮横行为就会爆发出来。到彼时才想起来如何控制这样的局面，往往就难了。同时，孩子越是轻易得到满足，越是不能体会父母获取他所需要的东西时所付出的艰辛和代价，从而会加剧孩子的自私心理。

　　孩子有自私的情况出现时，我们要先问清楚他的目的和想法，讲清楚自私是不好的习惯，并且帮助他分析哪些是属于正常的要求，哪些是不能满足的。我希望父母们都"狠"一点，不要被孩子牵着走，不要满足孩子的所有要求。孩子提出要求时，要区分要求的性质，坚决拒绝不合理的要求；孩子在成长过程中，都会有各种需求，物质上的、精神上的，合理的需求应予以满足。因为如果孩子在小的时候太缺失一些东西，长大后反而会出现自私的现象。但对于不合理的要求，应予以拒绝。还可以在满足孩子的同时向孩子"吐吐苦水"，"买的东西太多了，妈妈提不动了。"让孩子明白他所得到的都不是轻易获取的，让他体会生活的难处，体谅父母，并学会感激。

第三章

孩子脆弱怎么办

父亲是一种独特的存在，对培养孩子有一种特别的力量。父亲在带给孩子快乐的感受、认知的建立、性别的辨认、自信心的培养、独立能力以及社交技能的提升上有着不可替代的作用。父亲是男孩所接触的第一个男人，在形成自我价值观的时候，孩子一直在模仿眼前这个男人的一言一行、举止神态。对于女儿，父亲也是她生命中第一个接触的男人，很多女孩在问及将来要找一个什么样的男朋友时，会毫不犹豫地答道："像爸爸那样的！"

父亲在培养孩子强者气质方面，具有不可替代的作用。爱是一个人变得坚强的理由，特别是在幼小孩子的世界中，爱是他永远的支撑。希望所有的爸爸多给孩子一些陪伴、信任和祝福，让他自信地面对这个世界。

忧郁的天使

峻康已经上了一个星期的幼儿园了，对我和他来说，这几天简直就是一种折磨。

把他哄到幼儿园，刚要离开，他就尖叫起来："妈妈，你不要走！"

"小朋友们都进去了，你也赶紧进去吧！"

"不，我要你留下来陪我嘛！"

"妈妈要上班的呀。"

"不！我要跟你一起走！"

"你乖乖进去，妈妈下午早点来接你好吗？"

"不，不行！我要妈妈陪着我……妈妈不要我了吗……"

妈妈们都遇到过这样的情景吧。幼小的孩子一旦要与妈妈分离，哪怕是一天也受不了。孩子感情脆弱，来自于对亲人天生的依赖。等他慢慢长大，会变得越来越独立，也能越来越坚强地面对种种分离、挫折和心理挣扎。

每个孩子都会有脆弱的时候，但长期心理脆弱就要引起注意了。古人云：古之立大事者，不惟有超世之才，亦必有坚忍不拔之志。心理、感情太脆弱，也是孩子成才的道路上必须及时清除的绊脚石。在这一章里，我想和父母们聊一聊"孩子脆弱该怎么办"的话题。

　　心理脆弱的孩子往往很悲观，考虑事情总爱纠结于其消极的一面；易沉浸在自己悲伤、忧郁的情绪里。

　　我见过很多这样的孩子，韩睿渊是其中一个。我看过她的一篇网络日志："我现在除了死还能做些什么？我是哀怨低回的天使，不属于这个脏乱不堪的尘世。不是我不阳光，是这个世界它真的没有阳光。它虚伪肮脏得登峰造极。我只是无法适应，我厌恶这个世界的虚伪和不公，可是，我又能怎么样呢？我不知道，我哪天会突然地离开，我活着的时候，我会对我在乎的人们很好，不论他们是否像我在乎他们一样在乎我，我不在意，真的不在意，因为我是个被世界遗忘、被上帝抛弃的天使。"看完这篇心灵独白，我愣住了，但是很快一种焦虑与厌恶混杂的复杂情绪就冲淡了我的讶异。

　　我赶紧致电韩睿渊的母亲，从她的倾诉中了解到：自韩睿渊进入新学期以后，对数理化的学习感到非常吃力，成绩也大不如前，有时候一百分的物理试卷只能考三十几分，老师同学对她不再关注，这使得曾成绩优异的韩睿渊很是失落，渐渐放弃了学习。

　　"上个星期，她放学回来跟我说，她数理化真的学不进去了，唯一可以考上大学的机会就是报考艺术类院校，艺术类院校对文化分要求较低，所以她想去学声乐。她爸爸和我都不同意，虽然她的声音条件优异，有学习音乐的天赋，但我们不认为这是一条好的出路或者说是捷径。况且学音乐的过程也并非她想象的那么简单，她这么脆弱，到时候遇到一些挫败又会一蹶不振，让我们怎么办？因为我们不同意她学声乐，前几天她又割腕了。"爸爸妈妈对韩睿渊已经束手无策了。

韩睿渊还有一群"同病相怜"的朋友，在她日记的下面，我看到许多诸如这样的留言："是的，我们不属于这个肮脏的世界。""孩子，不要怕，即使离开也有我们陪着你。"这群孩子都正值花样年华，却整日哀哀戚戚；对学习、生活消极懒散，却热衷于写一些多愁善感、晦涩而又没有任何意义的文字；他们大多未谙世事，但总是一副苦大仇深、看破红尘的姿态；他们可以很好地和人相处，然而一旦有一个人、一件事不如他们的愿，他们就会长吁短叹：整个世界抛弃了我们！

对于这些悲观的孩子，世界是一面镜子，他们打碎了镜子，却沉浸在支离破碎的残片中不能自拔，这才是最可怕的。他们将自己这种悲观和消极的心态当做一种独特的美，认为这是自己有别于主流的资本。韩睿渊曾向我强烈推荐她所崇拜的一个女孩子，这个15岁女孩子在网上人气颇高，有着不少的追随者，她忧郁的外表、深沉而又莫名其妙的哀伤及赤裸裸的自残自杀日记，吸引了许多青春期的孩子。他们为她心碎，为她沉醉，同时也开始模仿偶像种种伤害自己的行为。

我不否认幼小的心灵会过早地承受痛苦和哀伤，但对于大多数如韩睿渊和其朋友那种未经过生活磨炼，为了一点小事就长吁短叹、无病呻吟的"天使"，我是气愤且厌恶的。

歇斯底里的妈妈吓坏孩子

善美是一位年轻的妈妈，有一个 3 岁的儿子，结婚生子后，仍与自己的父母住在一起。善美和她的母亲都有些歇斯底里，常常为了一点小事大吼大叫，邻居们深受其扰，但又无可奈何。每天早晨，邻居们都会听到善美大声对着孩子喋喋不休："你又尿身上了！刚刚不是才让你小便过吗？就会给我找麻烦！一天要给你换几条裤子你才满意啊？"说来说去无非是孩子尿裤子或是哭闹等常见问题，善美仍然像对着大人似的对着孩子大呼小叫。

有一次，善美带着孩子在家门口玩，对门的外婆也带着自己两岁的小孙女出来玩。在玩闹的过程中，善美的儿子咬了小女孩的手，小女孩"哇"的一声大哭起来。见状，善美一把拉过儿子，分贝调到最高，一边拼命地摇晃儿子，一边扯着嗓子训斥道："你敢咬小妹妹？你昏头了你！说！为什么咬人？说，为什么咬人？你说呀！为什么咬人……"

这时小女孩已经在外婆的哄劝下停止了哭泣，外婆打圆场说："算了算了，这么大的小孩长牙呢，就是爱咬人！别为难孩子了。"

但善美仿佛没听见，还是摇着孩子的肩膀，像是失控了似的扯着嗓子反复地问孩子："以后还咬不咬人了？"在善美声嘶力竭的重复发问中，本停止了哭泣的小女孩又吓得哭了起来，而善美的儿子则一直瞪着眼睛，撅着嘴，眼泪在打转转，最后承受不住了，终于"哇"的一声哭了出来。对门的外婆赶紧将自己的小外孙女抱回了家，而善美却仍然在孩子凄厉的哭声中声嘶力竭地训斥儿子。

在这种环境的影响下，善美的儿子不仅没有同龄小男孩的活泼好动和阳光朝气，反而整天战战兢兢，如同惊弓之鸟，碰到什么事张嘴就哭。外面放鞭炮，他会哭；手里拿的食物掉地上了，他也哭；就连走街串巷的小贩的叫卖声也会把他吓哭。

妈妈和孩子之间有着如月亮和星星、土壤与树苗般的亲和力。在大多数孩子眼中，妈妈应该是任劳任怨的"慈母"形象，有些母亲过于强势，会影响孩子的心理发展。我想，孩子变成这样，跟善美的歇斯底里有着直接的因果关系。每天承受着妈妈的大声斥责，孩子怎么能够健康成长？

如今，有很多孩子处于心理亚健康状态，存在自闭、自私、沟通障碍、心理承受能力差等情况。孩子们的心理发展出现了"草莓化"的倾向，这已经是一种无法回避的社会现状。

心理"草莓化"的孩子看上去年轻、光鲜、可爱、充满活力、"表面有刺"很个性，但一有小挫折就像草莓被挤压了一样，瞬间倒下，崩溃。

在感情脆弱、敏感的孩子中，约有 10% 是天生的内向型性格。相比性格外向的孩子，性格内向的孩子会表现得脆弱一些。性格决定了他们不习惯主动与别人交朋友，不能很快适应新环境。特别是刚上幼儿园或者刚刚搬到新的住处时，除了爸

爸妈妈，周围的一切都是陌生的，他会无所适从，陷入一种惶恐不安的境地。

后天的因素主要包括父母的言行、家庭环境等。家长的言行以及家长自身的性格特征都会在孩子性格形成的过程中留下印记。就像善美这个较容易"上火"的妈妈，常常不能控制自己的情绪，歇斯底里、喜怒无常，让孩子对周围的环境失去安全感，使孩子变得紧张、脆弱，一点风吹草动也会让他们害怕、不知所措。

你的担心削弱了他的力量

相比"神经大条"的爸爸，妈妈对待孩子往往会失去理智，职场女强人的那股干练劲儿不见了，理性反被泛滥的母爱冲垮。妈妈们的心思全部放在了孩子身上，担心这个，害怕那个，唯恐孩子出问题。

妈妈常常是一家的灵魂人物，她掌握了一个家的家庭气氛，我相信：如果没一个快乐的妈妈，就很难有一个快乐的家庭。然而，大多数的妈妈都过分地担忧子女：安全、健康、课业，甚至长大之后的婚恋问题，几乎无所不担心，你想这样的妈妈会快乐吗？

真相是，很多时候，我们往往低估了孩子内在自我成长、自我修复的动力和能力，更多时候，其实是我们依恋孩子，而孩子从诞生起，就在经历一个不断走向独立的过程。孩子的成长是挡不住的，我们总是把他当小孩子看，不知不觉中成了问题的制造者和孩子成长的阻力。

　　一个典型的表现是，儿行千里母担忧，即使唯一的宝贝时刻在自己的眼皮底下，妈妈也会处处放心不下，生怕自己百密一疏，给孩子带来伤害。尤其是一些年轻的母亲，她们常常设想孩子可能遇到的各种危险，然后在脑中将这些假想敌无限放大。她们对孩子日常生活中出现的一些细微变化也会大惊小怪、喋喋不休，甚至焦虑不安、惊慌失措。工作时，想起孩子清晨上幼儿园时打了几个喷嚏，她们会不禁问自己：孩子会不会发热，或者是碰到什么坏人了？于是越想越担心，立马放下手中的工作，煞有介事地请了假，急急忙忙赶到幼儿园里，却看见孩子正在那儿活蹦乱跳地玩呢！她们也不让孩子参加学校举行的户外活动或集体旅行，如果孩子参加了，她们会整日坐立不安，假想着孩子掉进河里、迷路、摔倒，或是被虫子咬伤，不停地打电话向老师询问情况。孩子放学回家晚了几分钟，她们的脑中就会浮现出混乱的交通，飞驰的车辆，担心孩子遇到意外，赶忙出门寻找。孩子咳嗽几声，她们担心会发展为肺炎；孩子腹泻，她们又担心孩子得了肠胃炎。她们不让孩子倒热水，怕孩子被烫伤；她们不让孩子自己剪指甲，唯恐孩子使不好剪刀戳伤自己；她们不让孩子独自去商店，害怕孩子遇到小偷或骗子；就连孩子吃饭，她们也会在一旁盯着，不停地叮嘱："慢慢吃，别噎着！"

　　妈妈们整天为孩子的饮食起居而忙碌，其实这些孩子都能

学着自己搞定，过度关心反而会成为孩子成长的障碍和烦恼。一个妈妈如果相信：我的孩子有能力去面对自己的生活困境与难题。那么这个相信就是一个祝福。相反，如果一个母亲总是觉得孩子不懂事，不会照顾自己，会吃亏的，那么这个担心很可能就成为诅咒，孩子很可能会如你之前所担心的那样，老是出状况。如果父母希望孩子有福气，就要多多祝福孩子，而不是担心。

孩子更需要的是心灵的保护，当孩子做错的时候，当成绩不好的时候，被老师或小朋友告状的时候，需要我们在心灵上理解他、安慰他。而年轻妈妈们近乎神经质的"杞人忧天"，不仅会使你时时刻刻绷着一根弦，惶惶不可终日，同时也将年幼的孩子置于一种长期紧张的氛围之中，逐渐变得胆小，情绪不稳定。很多妈妈送孩子上幼儿园后总忍不住心情低落，甚至流泪。看似孩子感受不到，但你给孩子传递的信息，包括你面对孩子时的表情、态度和语言，他都能感受得到，这样他对幼儿园、对外面的世界会更加抵触。不仅累了自己，也累了孩子。

掌声中的跌落

朴紫欣是个活泼可爱的小姑娘。今年 10 岁的她不仅长相甜美，声音也像百灵鸟般清脆动人。除此之外，朴紫欣还有个特长，会说一口流利标准的英语。从朴紫欣学说话起，父母就开始培养她对英语的兴趣，每天放原声磁带给她听，并陪着她一起看迪斯尼的原声动画片。3 岁的时候，朴紫欣已能将 26 个字母倒背如流，还会说一些基本的单词和短语。随后父母给朴紫欣报名参了幼儿英语培训班，开始进一步的学习。在家长和老师的精心栽培下，朴紫欣进步很快，不仅能将动画片中标准的美式发音模仿得惟妙惟肖，还会唱很多英文儿歌。

朴紫欣在英语上的突出表现使其在幼儿园大受欢迎，每次家长会，老师总是请朴紫欣给小朋友和家长们表演英文诗朗诵或演唱英文歌。在其他家长羡慕的目光中，朴紫欣的妈妈总是美滋滋地夸奖女儿："老师都说了，你的英语是全幼儿园第一！我们学得太快了，已经把其他小朋友甩到后面啦！"

然而进入重点小学之后，朴紫欣发现班级里有很多小朋友参加过英语培训班，自己的英语优势显得不那么醒目了。可是朴紫欣的妈妈仍然相信自己的女儿是最棒的，常常在与老师交流时向其推荐女儿的英语特长。有一次公开课，老师安排了一场英语短剧《白雪公主与七个小矮人》，朴紫欣和妈妈对"白雪公主"这一角色胸有成竹，志在必得，妈妈甚至对朴紫欣说："公主当然是你演了，你的英语最好呀！如果老师不给你演，妈妈就去找她理论！"然而，老师分配角色，朴紫欣只是那七个小矮人之中的一个，她一下子懵了，当场大哭起来，无论同学们怎么安慰她，都毫无作用。之后的几节课，她一直趴在课桌上抽泣。放学时，妈妈接了女儿一起去找老师理论，老师的回答却让母女二人更受打击："之前的基础只能辅助她今后的学习，并不表示她的英语成绩是全班第一。另外，她的综合素

质也有待提高。"

自此以后，朴紫欣越来越害怕上英语课，上课时总不敢举手回答问题，家里的英语磁带和光盘也不再去碰了，甚至别人提到英语两个字，她就会皱着眉头大叫。妈妈知道女儿受到了打击，但没有想到会让孩子如此一蹶不振。眼看那么多年的心血都要白费了，却一点办法也没有。

每个人在成长过程中都会遇到形形色色的挫折与打击。如果一个孩子的心理承受能力强，他就会将坎坷当做历练自己的平台，而心理承受能力差的孩子容易为一点小麻烦而心烦气躁，逃避责任，甚至选择轻生。

长期在顺境中长大的孩子自我评价相对较高，容易在受挫后因为自尊受到冲击而产生两种极端反应：第一种是，从高度自信的状态进入自我否定的状态，把失败的原因归结在自己身上，在情绪上可能表现焦虑、抑郁、悲伤、委屈等反应，甚至产生自杀行为；第二种是，孩子因为一直在鲜花与掌声中长大，自我感觉良好，认为自己天下无敌，殊不知"山外有山，人外有人"，外面的世界大得很！当孩子接触到外面的世界时，一点小小的打击就会让没见过世面的他们瞬间崩溃。

你如何伤害了他的自尊心

东旭从微波炉中取出滚烫的方便面汤碗时，由于碗里的汤太满，摇摇晃晃不小心将汤泼了出来，烫到了自己的手。东旭随即本能地手一松，整碗面都摔到了地上，碗也碎了，汤汁溅得到处都是。妈妈闻声走进厨房，见此情景，并没有大声责骂东旭，只是顺手将东旭推到一边，皱着眉头责问道："你怎么捧的啊？"没等东旭回答，又自顾自地说："都这么大了，一个装了面的碗都捧不了，你还能干些什么啊？脑子里整天想什么糊涂心思呢？一点用都没有，什么都不能做！让到一边去！"东旭欲言又止，默默地用冷水冲了冲被烫红的手，走回了自己的房间。

晚上一家三口一起吃饭，爸爸让东旭帮忙去楼下的小店买瓶酒，妈妈却在一旁冷冷地说："算了吧，我去买吧。他今天捧个碗都能摔了，给你买酒恐怕拿回来的也只有半个酒瓶子了。"东旭终于忍不住了，狠狠地摔下手中的筷子，大声说"怎么样，我就是一无是处！"说完哭着跑出家门。

脆弱的孩子有一个显著的特点，他们的思维非常狭隘，对已经发生的事情耿耿于怀，总是纠结于过去的失误，无论别人怎么劝说，却还是"想不开"。父母们急于寻求解决这个问题的方法，却不知此问题的形成与自己平时教育孩子的方式是密切相关的。

东旭妈妈的做法，不仅伤害了孩子的自尊心，也挑战了孩子的受挫能力，结果孩子失败了，被迫承认自己很失败。从质问孩子"你能干些什么"到怀疑孩子"整天想什么糊涂心思"，到最后完全否定孩子——"一点用都没有，什么都不能做"，不断放大孩子的过失。仅仅是摔破一个碗，就把孩子批得一无

是处，好像孩子对这个世界一点价值也没有。这种做法实际是放大了孩子的过失，给孩子套上了"莫须有"的罪名。当孩子承受不了时，那颗小小的自尊心就会坍塌崩溃。

被爱滋养过的心，拥有免于崩溃的力量

心灵脆弱和缺乏安全感有直接关系。心理学研究表明，儿童时期，特别是 3 岁之前是一个人建立安全感的关键时期，很多人生活缺乏安全感往往是在这个时期出的问题。如果父母在这个阶段特别关爱孩子，孩子一生都会特别有安全感。未来即使面对黑暗身处低谷，被爱滋养过的心灵，依然有一种免于崩溃的力量。

孩子只有在父母面前才能真正获得安全感，因为孩子只有与父母形成良好的依恋关系，以后才能与他人建立起亲密和信赖的关系。安全感是心理健康的基础，有安全感的孩子才能有自信和自尊，才能与他人建立信任的人际关系。而缺乏安全感的幼儿更多地感知到孤独和被拒绝，对他人通常持有不信任、嫉妒、傲慢甚至仇恨和敌视的态度，行为上也更容易出现逃避、退缩或攻击性行为，较难建立良好的人际关系。

教育的艺术不在于传授本领，而在于激励、唤醒和鼓舞。人类生来拥有崭新的生命，与生俱来有赢得胜利的条件，人人各有其独特的潜力，皆可通过努力成为一个杰出的强者。想让

孩子内心强大，健康快乐，我们就要激励他，给幼小的心灵一种安全感。首先，我们要找到心灵的重心，不要整天怨天尤人，牢骚抱怨。即使孩子有不好的习气、有缺点，也要接纳他，并着力于如何矫正而非责骂。给孩子整体的接纳，内心有爱的人才会强大。有一件事虽然做起来很难，却相当重要，这就是要有勇气正视孩子的缺点。他会一年年的长大，他会渐渐遇到比他强、比他优秀的人。他身上可能有许多让你厌恶的缺点，这会让你感到沮丧。但父母一定要正视它，不要躲避，告诉孩子，战胜自己比服从他人更艰巨和有意义。

另外，不管何时何地，处在何种境况之中，父母们都应注意自己的言行，在孩子面前要控制好自己的情绪。尤其是年轻妈妈们，不要过于敏感或神经质。妈妈们常说，有了孩子之后，孩子一天不在眼前就不放心，总想着孩子哭没哭，是不是安全，这就是母爱，温柔缱绻，无处不在。但我想说的是，这种心理本身传递给孩子的是担心和焦虑，会形成一种消极的心理暗示，削弱孩子的力量。您自己都感情脆弱了，怎能奢求孩子坚强呢？社会是复杂的，但过度的担心也不利于孩子的成长。这种行为会形成心理暗示，并在父母的教养方式上得以体现，比如对社会的描述过于阴暗、负面，对孩子的限制和保护过多等，都会削弱孩子的安全感和独立性。要永远记住，你内心强大，他才能无所畏惧。

爱是一种保护，但不是完全将孩子隔离在现实世界之外。很多父母害怕孩子看到太多真实生活的阴暗面，不利于孩子

的健康成长，于是用美好的童话甚至善意的谎言给孩子构建一个无瑕的纯净王国。这实在是一种幼稚且自欺欺人的行为。善待孩子，不是无原则地宠溺孩子，不是替他阻挡一切挫折，而是赋予他抵抗挫折的能力。年幼的孩子有时生活在理想化的世界中，他们幻想嬉戏中的一切都是真实的，他们脑中存在着一个小小的童话世界，在那里他们生活得比在现实中更游刃有余、无忧无虑。我并不反对孩子做梦，但必须适可而止。否则，通常的结局是他们沉溺童话太深，以致失去了对现实生活的清醒认识。我恳求父母们为孩子的将来考虑一下，他们必须知道人的一生主要是跟现实发生关系的，为了让他们获得最大的裨益，我们必须对他们讲真话，不能只讲那些只属于童话世界里的虚幻的快乐。当孩子发现现实世界与自己的理想王国有所出入时，就会抱怨社会虚伪、肮脏，对社会产生厌恶感。

因此，不妨在给孩子讲《灰姑娘》时，也给孩子讲讲《卖火柴的小女孩》。多给孩子看看世界新闻，让孩子了解一些战争地区的孩子的生活状况。告诉孩子，生活不仅仅是你看到的那样。你所拥有的安逸生活是爸爸妈妈给你构建的，未来仍然存在挑战。这个世界上有人吃不饱、穿不暖；这个世界上会有人来欺骗你，会有小偷觊觎你的东西；这个世界上到处都有不公平的交易……不要掩盖社会的缺点，尽量拉近孩子的想象与现实的距离，使孩子能更坚强地面对这个世界，并学会保护自己。

爸爸去哪儿了

一位刚下班回家的父亲，脸上写满了疲倦。儿子问父亲一个小时的工资是多少，父亲有点不高兴地说50元。

儿子听了以后叫父亲借他10元，父亲很气愤地说自己工作这么辛苦，一个小时也才50元，你这小子肯定要把我的钱拿去买什么玩具，气势汹汹地叫儿子马上回房间睡觉。但过了一会儿，他去找儿子，说要把钱给儿子。

儿子听了很高兴，从床底又拿出了一些钱。父亲这时更加气愤了，问儿子为什么自己有钱了还问他要钱。

儿子说："我这里钱还不够，现在够了，我有50元了，爸爸，我要用这50元买下你的一个小时，你陪我玩。"

这一节当中，我想强调爸爸在培养孩子强者气质过程中的重要作用。著名的心理学家格尔迪说："父亲是一种独特的存在，对培养孩子有一种特别的力量。"父亲在带给孩子快乐的感受、认知的建立、性别的辨认、自信心的培养、独立能力以及社交技能的提升上有着不可替代的作用。

父亲是男孩所接触的第一个男人，在形成自我价值观的时候，孩子一直在模仿眼前这个男人的一言一行、举止神态。对于女儿，父亲也是她生命中第一个接触的男人，很多女孩在问及将来要找一个什么样的男朋友时，会毫不犹豫地答道："像

爸爸那样的！"父亲不但给孩子带来了性别上的辨认，对其对另一半甚至另一个群体的认识也会产生影响。

父亲是孩子快乐的源泉。父亲作为一个生活者，会把玩乐、冒险、多彩的生活等经验和感悟传递给孩子。研究表明，20个月时，父亲就会成为孩子的基本游戏伙伴；30个月时，则会成为更主要的游戏伙伴。20个月的婴儿对父亲发起的社会交往游戏明显地感兴趣，反应积极。30个月的婴儿能兴奋、激动、投入、亲近、合作而有兴致地和父亲一起游戏，会把父亲作为第一游戏伙伴来选择。无论是男孩还是女孩，跟爸爸玩起来的时候都会更"疯"。男人较女人来讲更具有冒险精神、探索、求知欲和无所畏惧等特点，这样的性格会淋漓尽致地体现在对孩子教育的模式上。因此，在妈妈眼里的"不靠谱"的事情反而会在爸爸眼里认为是"自然而然"。这当然会带给孩子不同的感受。

由于父亲性格、能力等方面的独特性，特别是父亲与孩子在交往上的独特性，使孩子从母亲和父亲那里得到的认知上的收获不同。从母亲那儿，孩子可以更多地学到语言、日常生活知识、物体用途、玩具的一般使用方法，但从父亲那儿，则可以学到更丰富、广阔的知识，更广泛地认识自然、社会，并通过操作、探索花样繁多的活动，使儿童逐步培养起动手操作能力、探索精神，并发展孩子旺盛的求知欲和好奇心。这对孩子的认知发展都是十分重要的。父亲较多地参与和孩子的交往，能日益提高孩子的认知技能、成功动机。

父母的角色都不可替代，也因为男人、女人生性不一样，两者在家庭教育中的角色也具有互相不可替代性。但现实情况是，在一个家庭中，妈妈承担了养育幼儿的大部分重担，孩子每天和妈妈（甚至只是爷爷奶奶）在一起，很少得到爸爸的培养，常常问的一句话是："爸爸去哪儿了？"而不是"爸爸我们去哪儿？"

爸爸去哪儿了呢？这个生存压力巨大的时代，你究竟给亲情留下了多大的空间？在复杂的人际交往中，你把几分的感情留给了孩子呢？

一个不容争辩的事实是，中国男人参与亲子互动的程度普遍很低，这有时并不是源于生存压力大，社会逼迫他们到外面去，而是相反，因为他们内心虚弱，缺乏情感能力，必须去追求所谓的外在的成功才能获得认同。

除了工作忙碌之外，爸爸用于娱乐休闲的时间也同样挤占了陪伴孩子的时间。孩子天生具有情感感知能力，如果爸爸在闲暇时间放弃陪伴自己而选择上网、打游戏，孩子就会因为受到忽视而产生低落甚至自卑情绪。即使爸爸在事前对孩子口头表达爱意，孩子也会宁愿相信这是谎话。

各位爸爸，孩子来到你的世界当中，你无法挑选，无法逃脱责任。面对正在成长、时常陷入迷茫之中的生命，你需要竭力付出。给他树立一个榜样，给他良好的教育，给他全部的爱。时间对忙碌的爸爸来说是相当宝贵的。所以当你努力找出足够时间陪伴孩子时，反而更能表达出你有多关心孩子。而培养自信心十足的孩子无捷径可走，只有付出爱。爱是一个人变得坚强的理由，特别是在幼小孩子的世界中，爱，是他永远的支撑。希望所有的爸爸多给孩子一些陪伴、信任和祝福，让他对这个世界充满自信。

然而，这并不意味着，在一个家庭中，爱孩子是最重要的，如果你不是以夫妻关系为第一位，而是以父子关系为第一位的话，孩子就容易成为一个以自我为中心的人。通常这种孩子都缺乏对父母的尊重，抗挫折的能力较差，在成长的道路上，会比常人遇到更多的困难和障碍。夫妻之间只有懂得爱，不因孩子的到来而忽视对方，才能营造出温馨的家庭环境。

在这里，我列举了一些生活小事。这些也是真爱的爸爸经常做的。即使非常忙，也不会忽视的亲子互动细节。希望爸爸们抽时间和孩子做这些事，让孩子感受到不一样的父爱亲情。

1. 选一本有趣的童话书，每天晚上读给他听。

2. 一起看精彩的动画片，问他喜欢里面的哪个角色。

3. 和他一起给妈妈准备晚餐或者生日派对。

4. 带他去你工作的地方，让他知道爸爸会做很多事情。

5. 一起去海边玩耍，洗海澡。坐在沙滩上聊天。

6. 在幼儿园门口迎接他，看他奔向自己的快乐模样。

7. 记住他的小伙伴的名字，当他们的好叔叔。

8. 和他一起唱歌，他唱上句，你接下句。

9. 出差回来别忘给他带小礼物。

10. 用你们的合影当手机壁纸，并让他知道。

11. 有属于你们的小秘密，比如妈妈唠叨时，相互眨眼睛就是"哦，又来了"的意思。

12.跟他讲你小时候的事情，最好带他去你的家乡转一转。

13.他不肯学习时就干脆和他"私奔"，痛快地玩一天。

14.和他一起养个宠物。

15.让他贴在你的胸口上，骑在你的肩膀上，感受你的心跳和力量。

16.和他聊一聊"理想"这个话题，记在心里或笔记本上。多年后告诉他。

17.每年和他单独旅行一次，妈妈也不带。

18.如果是女孩，学着给她扎各种小辫；如果是男孩，给他做一个帅帅的发型。

19.保留他的珍贵记忆：他出生后穿的第一件衣服、写着他名字的作业本、他的小玩具、小发卡。

20.给他举办一个很多人参加的生日派对。把他打扮得美美的，介绍给来宾。

第四章

孩子懦弱怎么办

　　研究证实，儿时反抗力强的孩子长大后超过 80% 的成为意志坚强、更有决断力的人；儿时听话被动的孩子大多成为无判断力而依赖他人生存的人。有时候，小孩的沉默、隐忍、恐惧以及讨好，在麻木的大人眼中便是懂事、听话。就像以"爱"的名义在控制他一样，很多父母在以培养一个"懂事"孩子的名义，剥夺了孩子的安全感、存在感和归属感，这样下去，孩子能勇敢起来，成长为一个独立的人吗？

　　请不要要求孩子一定要"听话""乖"，在强势力量面前一味忍让，那都是在减少孩子的选择，削弱孩子的力量。我们要教会孩子学会保护自己，培养他的表达能力、情绪管理能力、运动能力和与人交往的能力。更重要的是，让他在适应环境和反抗环境这两者之间寻求平衡，获得生存的经验。

他对这个世界心存畏惧

我们的女儿真爱小的时候非常腼腆，3 岁的时候开始上幼儿园，由于个子小，在幼儿园里总是受到比她大的孩子的欺负。每天从幼儿园回家，脸上常常会挂着泪痕，不用问我就知道发生了什么。我气坏了。

"为什么不找老师，为什么不还手！"

"对于欺负人的孩子，你就应该去欺负他！"

"哭有什么用，就知道哭！"

看到孩子受欺负，爸爸妈妈的心里肯定很不好受，真想把这些气话一股脑都说出来，可为了避免孩子受到"二次伤害"，我还是把心里的这些气话都咽了下去。孩子刚刚接触这个世界，我们总不忍心看他受委屈。可世界本是这般残酷，心存畏惧又如何能逃避得了。一个勇敢的人，一个有着"明知山有虎，偏向虎山行"胆量的人，他遇到的危险可能会更多，但相比懦弱保守的人，他能看到更多、更靓丽的风景。所谓"毙虎者饱餐虎肉，畏虎者葬身虎口"，回避危险，拒绝挑战，就无法享受到人生的饕餮盛宴。

敏感纤细或者性格内向的孩子，一般都表现得胆小怕事，谨小慎微，做事情想问题总是"怕"字当头。他们惧怕一些未知的东西，如"大灰狼"、雷电；他们害怕一些会给他们造成伤害的事物，如火、菜刀等；他们还会害怕比自己强势的人或

群体，如老师、医生。他们会本能地抗拒这些人或事物，不管家长怎么劝说、鼓励，也不肯轻易尝试与其接近。在公园的大滑梯上，总会有些死死抱住栏杆不肯自己滑下来的小朋友，无论怎么哄怎么劝，他们还是不敢往前迈一步，面带惊恐地向父母求救。如果父母把他独自留在滑梯上，他就会如临末日一般惊慌失措，放声大哭。这类胆小的孩子对父母或他人有较强的依赖性，对什么都畏畏缩缩，做事情也规规矩矩，通常不会去做一些离经叛道的事。当自己的利益遭到触犯，或受人欺侮时不敢反抗或还击；不敢对强势或权威提出异议，缺乏叛逆精神和自我保护的精神。遇事也容易退避，会为自己找各种借口摆脱责任。不敢自己做一些事情，对别人吩咐做的事情也心存畏惧，觉得自己无法胜任。

父母的强势像一座大山

懦弱是成才路上的大敌，但更棘手的是，这种性格很大部分是天生的。有些孩子具有先天典型的黏液质气质，这类孩子性情沉静、沉默寡言、委曲求全、自制力强，容易发展为忍气吞声、胆小怯懦的性格。除此以外，父母的行为影响也非常重要，这也是我们要重点讨论的。

家庭早期教育最大的任务是要帮助孩子形成健康的身心、完整的人格、正向的思维和良好的行为习惯。书本知识的学习不急于一时，但教会孩子如何面对挫折、如何对任何事情都以积极乐观的态度面对，才是至关重要的。一些孩子胆小懦弱，经常遭遇欺负，其实多受家庭的影响。父母弱势，孩子容易形成胆小怕事的性格，但凡事都有两面，强势的家长也会教出懦弱的小孩。这个论断看似矛盾：强势的家长怎么会培养出懦弱的小孩呢？培养出的孩子应该和他们一样强悍、勇猛才对啊？

我们先来听听敏锡的描述：

仔细分析了一下，发现懦弱确实占据了自己性格特征的大半部分。一个人走在路上会紧张、不自在；不敢在很多人面前说话，和陌生人讲话也会结巴；与朋友和同学在一起，尽管他们说的话或做的事让我不开心，也不敢提出抗议。我从小到大似乎没和人吵过架或动过手，每次一有什么事，妈妈都会来帮我解决，根本不给我机会自己处理。我想我变成这样和妈妈是脱不了关系的。

我有一位女强人妈妈，在外呼风唤雨，在家也是集权在手。妈妈说话咄咄逼人，做事更是雷厉风行。我们家所有的一切都是妈妈做主的。从小到大，我一直活在她的意愿里，她给我买什么衣服，我就得穿什么，她买什么吃的，我就得吃什么，从没有选择的权利。

她和我的所有谈话都是说教，她说我听。在她的强大气场下，我根本不敢开口，更不敢反驳。每次出门都要经得她的同意，告知她和谁、去什么地方、干什么、几时回来。甚至我从小到大的朋友都是经由她挑选出来的。

从敏锡的倾诉中可以看出，她的妈妈是一位个性强悍、在家中处于强势地位的人，对敏锡的生活控制干预得太多。不让孩子挑选衣服和事物，不仅抹杀了孩子的个性，也使孩子变得没有主见；给孩子挑选朋友，其实是变相限制孩子与外界接触，使孩子无法接受与人交往中会遇到的挑战；不倾听孩子的心声，更是扼杀了孩子表达自己的意愿。就这样，敏锡虽然有一个强悍的母亲，却只能活在其阴影下，即使长大了，也还是唯唯诺诺，缺乏独立自主的能力。

还有一位年轻的母亲也曾表述过这样的观点，她说自己的老父亲是浦项工业大学的教授，非常威严，平日里少言寡语，几个兄弟姐妹都对其持有敬畏之心。在父母的教导下，兄妹几个都健康长大，成家立业，但个个中规中矩，没有一个人的成就超过自己的父亲。与敏锡的妈妈不同，这位父亲虽没有外露的强悍性格，但其卓越的成就显然将其推往了一个强势地位，同样成为孩子面前一座无法逾越的大山。像这样被强势的家长带大的孩子，知道自己的反抗不会起作用，就渐渐学会了默默忍受，也渐渐丢失了自己的个性。他们习惯于躲在强势的家长背后，没有自己的主见。

"要懂事"其实是否定他

一位中国妈妈向我诉苦：我和孩子的爸爸都是残疾人，儿子小炜从小由奶奶带大。老人家因怕出事，总给孩子灌输"不要与人争斗，凡事能忍就忍，吃亏是福"的思想。小炜从小性格内向且柔弱，对人言听计从，从不惹是生非。上小学时做值日，同学们都找借口溜掉了，故意骗他一个人留下又擦黑板又扫地，呛得他直咳嗽，可他竟然不敢报告给老师，只因为"一打小报告，橡皮就会被抢，还挨石子"。性情比较淡泊的我，从没意识到这其中隐藏着孩子性格懦弱的问题。也因为家庭条件不好，我们也有些自卑，总是希望儿子别惹麻烦。

没想到，小炜上了初中后，更成了同学们经常戏弄的对象。他向别人借橡皮，人家会跟他开玩笑说："叫声大哥就给你。"甚至有同学故意挡住他的去路，阴阳怪气道："叫两声'汪汪'就让你过去。"班里有个大个子同学经常欺负他。

我难过得心如刀绞。可我不敢再求助于老师，怕同学们变本加厉地欺负小炜。我该怎么办？

不可否认，社会阶层是存在的，有的人出身豪门，有的人出身贫寒。有的家庭物质条件优厚，能给孩子提供良好的成长环境。有的家庭生活拮据，衣食住行只能勉强应付。条件一般的父母，有时会抱怨、哀伤、自轻自贱，不管这些情绪是不是直接针对孩子而发，也一样会对孩子产生不良影响。经常在孩子面前强调这些，渲染自己的弱势地位，会向孩子传递一种自卑的心理，在为人处世时变得小心翼翼，低三下四。

有些父母不仅为自己的地位感到自卑，还总是低估孩子，总用胆小、懦弱等词来评价孩子，形成了负面的心理暗示。孩子的沉默、隐忍、恐惧以及讨好，在麻木的大人眼中，便是：

懂事。很多父母正是以培养一个"懂事"孩子的名义，无形中剥夺了孩子的安全感、存在感和归属感，扼杀了孩子的天性，摧毁了孩子的自我。

一个人终其一生的努力，往往就是在整合其童年就已形成的性格。性格形成于幼年，如果一个人在幼年时期从来没有自己做过主，从来没有按照自己的意愿做过事，长大后必然会人云亦云，毫无主见。好反抗、不听话的小孩，往往意志坚强、更有坚定的立场、能以自己的判断决定事情。德国心理学家曾追踪调查 100 名儿童，他们发现，儿时反抗力强的孩子长大后超过 80% 成为意志坚强、更有决断力的年轻人；儿时听话被动的孩子大多成为无判断力而依赖他人生存的人。成人给孩子太多的评价，尤其是负面的不客观的评价，会形成负面心理暗示，导致孩子丧失客观认识自己和评价自己的能力。这也是很多孩子长大后唯唯诺诺，不能听从自己的声音，很在乎别人眼光的深层原因。

内向、胆小，其实本身都不是问题，人和自然本身就是有多样性的。真正的问题是，在孩子的成长中，对于我们不认同的性格，我们用了过多的否定、批评、指责，把孩子变成了被评价所左右的没有自我的人。

当我们责怪孩子"你怎么这么不争气，这么不成才"时，我们是不是应该扪心自问：有时候，反而是我们这些最爱他的父母扼杀了他的天分，束缚了他的胆量？

给孩子整体的接纳

懦弱的孩子尽管思维能力和才智与其他孩子一样，但由于这种性格缺陷，不敢放开手脚与别人竞争，也不能适应激烈的社会生活，长大之后，在事业上和社会适应方面都有较大的困难。所谓"性格决定命运"，孩子一生持久的竞争力，与学习成绩无必然关系，性格、气质、思维能力等才是最重要的。那么，要怎么帮助孩子摆脱懦弱的漩涡呢？

我还是要强调前文曾说过的话：给他整体的接纳。

爸爸妈妈们一定还记得孩子出生时的情景吧？面对那个软软的小人儿，你是不是和我一样，曾发誓，一定要尽自己的所能，让他快乐，包容他，善待他。当孩子渐渐长大、出现各种问题的时候，我们也一定要记得当初的那个承诺啊。善待孩子，不是说不打骂不虐待，而是遵从他的天性，让他做快乐真实的自己。爱孩子，就让他如他所是，而非我所想。雨果说，生命中最大的幸福，就是确信我们是被爱的，完全因为我们的本色而被爱，或者尽管我们是这样的人，依旧被爱。

一个人的现实人际关系是他内心世界向外投射的结果，他的内心世界又是在早年与父母亲的关系中形成的。人在6岁之前形成人格，之后的经历是6岁前的强迫性重复。孩子最先通过爸爸妈妈来了解这个世界，年幼的时候，爸爸妈妈是孩子的全部。如果感受不到父母的爱，孩子对这个世界也会产生不满。

在父母那里有了挫折感，孩子会对整个世界持否定态度，陷入忧郁之中。他会认为这是一个让自己感到无所适从的世界。这样的孩子在成人后，在与别人的接触中总会存有戒备之心，无法同他人建立良好的关系。

故此，父母们一定要确保孩子和你之间形成稳固的感情。爸爸妈妈是孩子最亲近的人，同孩子的良好关系，是孩子迈好人生的第一步，适应社会的基础。小时候和父母关系密切，形成默契的孩子，也会同他人相处得十分融洽，做起事来会信心百倍。能从父母那里获得温暖、安定和信心的孩子，更能获得面对未来人生的勇气，从而接纳自己，接纳他人。

为人父母，能给孩子最好的礼物就是让孩子能积极地看待自己，勇于做自己，而不是要求他一定迎合我们的期待，或要他跟谁比个高低。在这浮躁的时代，缺乏良好的自我认同感和价值感，孩子就不可能有强大的内心，也就没有勇气和力量去坚守自己。面对胆小怕事的孩子，我们一定要接纳他。只有整体接纳他，才能心中有爱，用爱融化他那颗柔弱的心，给他的未来插上坚硬的翅膀，让他有勇气自由飞翔。

说到接纳孩子，我想，父母们最见不得的就是孩子哭了。不管是蛮横地哭，还是受委屈地哭，都让大人有一种揪心的疼。但我想告诉父母们，有时候，让孩子哭出来也不失为一个好办法。哭是一种诉求，一种表达，一种减轻压力的方式，一种伤痛的自然愈合机制。当孩子受到刺激，感受到压力而不知如何排解时，哭泣是他最自然的表达方式。懦弱的孩子被欺负，通常选择默默地忍受，这可能引发神经性的胸闷、头晕、睡眠不好、情绪压抑等。我们要接纳而不是否定、压制孩子的情绪，要允许孩子哭、尽情地哭。鼓励他们讲出自己被欺负的经历，让孩子发泄出内心的愤怒。适度地让孩子宣泄，对他们的生理和心理发展都是有益处的。当你张开双臂保护柔弱的他，能充满爱意、心平气和地接纳孩子的情绪时，会发现孩子反而会变得更平静、自信和勇敢。

他依仗你的强势支持

我经常去出租小人书，在电影院门口、公园里、火车站。有一次火车站派出所一位年轻的警察没收了我全部的小人书，说我影响了站内秩序。

我一回到家就号啕大哭，用头撞墙。小人书是我巨大的财富，我觉得我破产了，从绰绰富翁变成了一贫如洗的穷光蛋。我绝望得不想活，想死。我那可怜的样子，使母亲为之动容，于是她带我去讨回我的小人书。

"不给！出去出去！"

车站派出所年轻的警察，大檐帽微微歪戴着，上唇留两撇小胡子，一副葛列高利那种桀骜不驯的样子。母亲代我向他承认错误，代我向他保证以后不再到火车站出租小人书。话说了很多，他烦了，粗鲁地将母亲和我从派出所推出来。

母亲对他说："不给，我就坐在台阶上不走。"

他说："谁管你！"砰地将门关上了。

"妈，咱们走吧，我不要了……"

我仰起脸望着母亲，心里一阵难过，亲眼见母亲因自己而被人呵斥，还有什么事比这更令一个儿子内疚？

"不走，妈一定给你要回来！"

……

我和母亲坐在那儿已经近四个小时了。母亲始终用一条手臂搂着我。我觉得母亲似乎一动也没动过，仿佛被一种持久的意念定在那儿了。

我想我不能再对母亲说——"妈，我们回家吧！"那意味着我失去的是三十几本小人书，而母亲失去的是被极端轻蔑的尊严，一个十分自尊的女人的尊严。

我不能够那样说……

几位警察走出来了，依然并不注意我们，纷纷骑上自行车回家去了。

终于"葛列高利"又走出来了。

"嗨，我说你们想睡在这儿呀？"

母亲不看他，不回答，望着远处的什么。

"给你们吧！……"

"葛列高利"将我的小人书连同书包扔在我怀里。

母亲低声对我说："数数。"语调很平静。

我数了一遍，告诉母亲："缺三本《水浒》。"母亲这才抬起头来，仰望着"葛列高利"，清清楚楚地说："缺三本《水浒》。"

他笑了，从衣兜里掏出三本小人书扔给我，咕哝道："哟哈，还跟我来这一套……"

母亲终于拉着我起身，昂然走下台阶。

"站住！"

"葛列高利"转身就走。

他却是去拦截了一辆小汽车，对司机大声说："把那个女人和孩子送回家去。要一直送到家门口！"

这是中国当代著名作家梁晓声记录的他童年时期的一次遭遇。幼小的孩子的"巨大财富"——小人书被警察没收了，卑微的母亲为了保护孩子，在派出所门口"静坐示威"，最终夺回了孩子的宝物。一颗幼小懦弱的心遭遇欺凌，父母的坚强对他来说是多大的慰藉啊！

对一个孩子来说，父母的影响渗透到他成长过程中的方方面面。不知不觉中，完成了对孩子灵魂的镌刻。你可能都不知道，哪一件小事会让他牢记一生。任何一个孩子，成长的勇气首先来自于父母。如果一个孩子没有父母的强势支持，他又无力抵抗，会因此变得懦弱和自卑，用一种消极的方式对待自己，自动地把自己边缘化。同时，父母的屈服强化了他的弱势意识，会让他更加看不起自己，加剧自卑感。

因此，要想让孩子强势起来，父母首先要强势起来。抬起头来做人，有主见，有骨气，给孩子一个榜样。有主

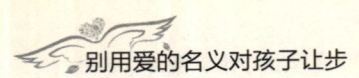

见的人才会有威信，谁也不会信任一个自己凡事都要依靠别人做判断的人。即使你是一个普普通通的工人或老实巴交的农民，经济来源又相当有限，也不要一味地渲染卑微，不能经常对孩子说："我们家穷，没权没势，也没什么本事，你要少惹事，吃点亏就吃点亏。"等类似的话。要经常教育孩子，让他们懂得自己的人格并不卑微，自己的智慧和能力并不比别人低下。

他不需要"摧毁"才得到教训

"在幼儿园里对老师讲话时，要大声点，讲清楚。"

"可是我害怕嘛！"

"有什么好怕的？老师很和蔼呀，和妈妈一样。"

"其他小朋友都看我，我觉得有点害怕。"

"小朋友也没有恶意的呀！"

"我害怕说错话，他们笑话我。"

"……"

从心理学的角度来讲，孩子与成人一样常有情绪的变化，诸如愤怒、伤心、失望、害怕等。孩子渐渐长大，但在未成年之前，他们的心理发展还处于初级阶段，弱小的心理突然间要面对很多事情，一下子还不能适应复杂的现实生活。

女儿真爱刚上幼儿园的那段时间，说话做事总是谨小慎微。

在家里对着爸爸妈妈大喊大嚷，一到学校，就怯声怯气，底气不足。遇到不顺心的事儿，习惯于嘟嘟嚷嚷，老师都不知道她说了什么。为了让真爱胆子大起来，我必须一次次地鼓励她大声说话。

为了让真爱摆脱这种羞怯，我们有意识地为她创造外出活动及与他人交往的机会，带她走亲访友，让她与客人接触，并求得客人的配合，让客人有目地发问，一回生，二回熟，她也渐渐变得大方起来。此外，我们还试着为她提供独立思考、表达自己意见的机会。碰到事情，多问他"你看怎么办"，如果她说得对，就大加赞赏，给她以鼓励。如果说得不对，或表达得不确切，就让她自己思索为何说得不对，不断提高她当众表达的胆量和技巧。

当孩子不像你想象的那样优秀，甚至连当众说话的勇气都没有，而你偏偏希望他以后成为出色的演说家、主持人时，切记，贬斥、羞辱绝不可以被当做惩罚的方式，也不可在大人或孩子的小伙伴面前羞辱孩子或使他难堪。孩子和小伙伴吵闹打架时，也不要让他拒绝和小伙伴说话，或干脆切断孩子和小伙伴的联系。实际上，孩子并不需要被"摧毁"才能得到教训，父母如此严厉和强势，会给孩子，特别是先天气质内敛沉静的孩子带来压迫感，从而屈从父母的安排，变得无主见。负面评价可能会使孩子觉得他自己一无是处，和朋友之间的矛盾也已经不可调和，从而导致他变得恐惧，担心失去朋友、失去爸爸妈妈的宠爱，然后想着该怎么样委曲求全，赢回你的心。更糟糕的是，

对年龄大一些的孩子来说，这种应对方法可能会导致他自我毁灭的举动，造成不可挽回的结果。

正确的做法是，要致力于问题的改变，而不是抱怨。要帮助孩子树立自信，积极鼓励孩子大胆与人竞争，积极参与各种活动，在参与中锻炼和壮大胆量。即使做错了，也要时刻保护孩子的自尊心，不要在别人面前贬低他。

当他无缘无故受到小伙伴的欺负时，你应该让他自己试着解决。被坏孩子打一次，他哭了，打两次，他忍了，第三次，他忍无可忍了，奋起反击，把欺负他的坏孩子打跑了。你看，这也是一种成长的痛，成长的历练，不是吗？

不要要求孩子必须一味忍让或坚决还手，那都是在减少孩子的选择，削弱孩子的力量。发生冲突那一刻孩子的表现是其本能、认知、经验的综合反映。我们需要做的是教会孩子学会保护自己，注意培养孩子的表达能力、情绪管理能力、运动能力和与人交往的能力。教导你的孩子学会生存的技能、生活的技巧，同时督促他学会对自己负责，可让他终身受益。更重要的是，让他学会承担责任，并让他体会自己正反两极的行为所招致的后果。

我们有义务教会他，哪些是他的权利

性格懦弱的孩子往往对外界的感知力不足，不能大胆说出自己的困扰，也会畏惧强势力量。而这也是父母们最担心的。这意味着，面对各种危险因素，懦弱的孩子更容易受伤。在本章的最后，我想和各位父母分享英国的"儿童十大宣言"。这份宣言同样适用于我们的孩子。在孩子成长的过程中，我们有义务教会他们，哪些是他们的权利，可以保护自己免受伤害。

儿童十大宣言

1. 平安成长比成功更重要。

安全重于一切，时时都要有安全防范意识。

2. 背心、裤衩覆盖的地方不许别人摸。

告诉孩子，身体属于自己，身体的某些部分应被衣服覆盖，不许别人看，不许触摸。他有拒绝亲吻、触摸的权利。即使是老师、邻居家的哥哥也不行。

3. 生命第一，财产第二。

如果遇到抢夺钱财的暴徒，把钱物扔掉，尽快脱身，不要怕钱没了回家挨骂。要让他知道，爸爸妈妈在乎的永远是他的安全，而不是财物。

4. 小秘密要告诉妈妈。

做孩子最信任的人。当孩子向我们说一些小秘密时，应当信任孩子并及时帮助他们。例如，在遭受性骚扰时。

5. 不喝陌生人的饮料，不吃陌生人的糖果。

不要让孩子因贪恋好吃好玩的东西而放松警惕，上当

受骗。

6. 不与陌生人说话。

告诉孩子：陌生人敲门可以不回答、不开门。他没有足够的能力帮助陌生人。被别人要求"叫叔叔阿姨"，而这个人他根本不认识时，可以不回应。大人也不能认为这是不礼貌。

7. 遇到危险可以打破玻璃，破坏家具。

为了保护自己，儿童有权打破所有规章与禁令。告诉孩子，在紧急之中他们有权大叫、大闹、踢人、咬人，甚至打破玻璃，破坏家具。

8. 遇到危险可以自己先跑。

遇到坏人、地震、大火，孩子应当拔腿就跑，可以不等大人指挥，不听老师安排。

9. 不保守坏人的秘密。

告诉孩子，即使他曾发誓不告诉别人，但遇到坏人欺负一定要告诉家长，坏人的秘密千万不要埋藏在心里。

10. 可以骗坏人。

遇到坏人可以不讲真话。

第五章

孩子懒惰怎么办

日常生活中，很多妈妈抱怨老公懒惰不帮忙做家务，却一点家务都不让孩子沾，"你只要把书念好就行了，其他的事都不用管"。这样教出来的孩子会不会很勤劳？

有些父母，爱孩子爱得"水深火热"，太盲目，太露骨。对孩子提出的要求，不管合理与否，一律无原则地迁就，甚至把孩子的缺点也当成优点来爱。结果呢，孩子越来越懒，自立能力差，遇到麻烦事不是想着如何自己解决，而是寻求父母的帮助……

你对孩子的爱，要不要节制一些？

孩子的逻辑

一天早上，我要为一家人准备早餐，忙得不可开交。于是我对儿子峻康说："妈妈现在很忙，你自己把上衣和裤子穿上好吗？"

"好。"

一会儿，我把早餐端上桌子后，峻康还没从房间里出来。

"峻康，衣服穿好了吗？"

"穿好了。"

"穿好了怎么不出来吃饭？"

"你还没给我穿袜子和鞋子。"

"你自己不是会穿吗？"

"可是你没说让我自己穿袜子和鞋子呀！"

"穿衣服当然要穿鞋袜了。"

"可你就是没说呀！"

各位爸爸妈妈们，你家有这样让人哭笑不得的小淘气吗？这样的时候，你是不是觉得孩子是在偷懒？其实，并不是这样。

儿童在不同的年龄阶段具有不同的思维特点。一岁左右的幼儿，随着言语的发生出现最简单的思维活动。3岁前的孩子，思维也是简单的，具有动作性，这种思维是通过实物，伴随着

动作进行的。比如，孩子骑在小椅子上，同时说："开汽车了。"丢开小椅子，玩其他玩具时，开汽车的思维活动就停止了，又开始进行与其他玩具有关的思维活动。3～6岁的儿童主要是具体形象思维，这种思维是依靠事物的具体形象的联想进行思考。比如，对"儿子"这个词的理解，幼儿只认为"儿子"就是小孩，如果是长了胡子的大人，对这么大的孩子来说是不可思议的。正因为思维具体，孩子不善于分析语言的寓意或转意，常常听不出"话里的话"。有一次，峻康耍赖，缠得我有点烦了，我生气地说："去、去、去！"结果峻康反问我："妈妈，你让我去哪儿？"这个细节也让我意识到，不要对孩子说反话和讽刺的话。他们的思维能力还没有得到锻炼和强化，因此不可能进行严密的思考。他们能做到的只是将自己的注意力集中在某一件事情或事情的一部分上，难以像成年人那样照顾到全局。"你没有让我穿，所以我就不穿。"孩子的这种想法只是在按着自己的逻辑进行辩解。

懒惰是对生活的消极抵抗

懒惰，大概是全人类最大最突出的共性了。人人都曾懒惰，大人会偷懒，小孩也会。那么，孩子表现出的哪些行为才是真正的懒惰，需要父母警惕呢？

懒惰是一种心理上的厌倦情绪。它的表现形式很多，比如极端的懒散、做事拖拉散漫等。生气、羞怯、嫉妒、嫌恶等都会引起懒惰，使人无法按照自己的愿望行事。

从形成的根源看，孩子的懒惰表现分为以下几种：

第一，显性的懒惰，主要行为包括不愿自立、不愿参与家务劳动或学校的集体劳动。这种浅层次的懒惰在孩子身上很常见，每个小孩在成长的过程中多多少少会表现出这些倾向。从婴孩时期就一直受着大人的照顾，慢慢地到了一定阶段却要自己去做一些一直由父母代劳的事，出于对父母的依赖，孩子自然会有抗拒。但是这种自然的抗拒如果一直被姑息纵容，就会演变成懒惰。

第二，畏难型懒惰，主要表现为害怕困难和挫折，做事不积极，或空想不做等。与上述的显性懒惰相比，这种相对隐蔽的懒惰不仅扎根更深，而且会对孩子以后的学习、工作、生活，特别是自身能力的提高和发展造成更大的阻碍和负面影响。但是这种懒惰又是非常普遍的。比如，冬天的早晨，起床对于很多孩子来说会变得十分困难。这种困难并非来自于瞌睡，显然是因为惧怕被子外面的严寒。越是怕冷的小孩就越会纵容自己在温暖的被窝里多躺一会，渐渐地就养成了赖床的习惯。学习方面，孩子懒惰的表现主要有作业拖拉，上课不愿专心听讲，甚至放弃自己的薄弱科目等。有些问题较轻的孩子在老师与家长的帮助下会逐渐改正过来，而有些孩子的问题则会因为种种原因日渐加重，成为学习上的致命伤。

第三种懒惰是一种有意为之的消极抵抗。消极抵抗式的懒惰则会让孩子对任何事物都丧失兴趣，当孩子长期遭受家长的打击，

受不到鼓励和关注时便会产生此种情绪。学习不积极主动，也没有特别的喜好，整天懒懒散散，无精打采，甚至不愿与人交流。更严重的是，染上这种懒惰的孩子对自己的人生没有热望和追求。很多孩子在成长的过程中有过短暂的消极抵抗，也有一些孩子未能摆脱这种懒惰，成年后仍然消极地面对生活和工作。

没有目标就不会奔跑

铭赫的妈妈平日工作较忙，他的爸爸又经常出差，两人便对铭赫从小进行"独立"性格的培养，对他的学习和课余生活不加过问。铭赫从来不叠被子，房间里也是乱糟糟的。遇上妈妈出差，铭赫就得连续几天穿着脏衣服上学。上小学时，铭赫的学习还算一般，他也曾考过班级前五，可是试卷拿回家，只换来爸爸一句："嗯，不错！"考得不好，顶多也就被爸爸训斥两句。

久而久之，铭赫就觉得其实好不好都一样，没什么区别。由于学习态度不积极又缺乏家长的监督，铭赫的成绩有了明显的下滑。在同学的带动下，小小年纪的铭赫迷恋上了网络游戏，经常跑到网吧里玩。而铭赫的父母对此全然不知，直到学校打来电话通知说铭赫已经一个礼拜没去上课了，他们才意识到问题的严重性。从网吧把儿子找回家后，铭赫的妈妈就辞了职在家监督他。可是此时的铭赫对学习和生活已经没有了任何期待和热情，整天懒懒散散、浑浑噩噩。

　　和包办一切相比，对孩子放任自流同样会让孩子养成懒散的习惯。而放任自流的教育方式在我们的家庭教育中还是相当普遍的。孩子没有目标，就不会奔跑前进。放任自流不仅造成孩子学习和生活习惯上的懒惰，更严重的是使孩子丧失了昂扬的斗志和积极的生活态度。放任自流往往意味着对孩子缺乏关注，而孩子的"自立"过程需要一定的关注来指引。"自觉"也需要相对的监管才能得到体现，这和自由与约束的辩证关系是一个道理。完全没有管教的放任只会让孩子变得懒散，而不会变得独立。

找回单身时的优雅勤快

　　阻碍进步的最大的敌人莫过于懒惰。排斥奋斗的性格湮灭了多少雄心壮志，碾碎了多少渴望进步的梦想。对孩子来说，成才之路上需要背负的行囊很多：性格、习惯、知识、经验、胆识，但这一切的前提是，他必须迈开脚步，出发。如果只空想，不行动，其他的都将毫无意义。假如孩子天性慵懒，你当下定决心让他克服慵懒的习惯，并且时刻提防他重归旧路。

　　在家庭生活中，妈妈的角色是非常重要的。一个勤劳的妈妈，能够把家人的生活安排得妥当，把家里收拾得干净整洁，这会在无形中影响孩子的性格和行为习惯。很多女人，结婚之前很优雅、很有情调。房间收拾得整洁有序，书架一尘不染，会抽出一下午的时间购物、学做菜，生活无比惬意。可结婚生子后，这种优雅几乎被生活琐事消磨殆尽，越来越邋遢。很多妈妈会抱怨：一天的时间就耗在孩子身上，还是感觉时间不够用，生活一下子变得乱糟糟的。整个人也变懒了，不愿打扮自己，都快成"黄脸婆"了！

"优雅不是刚脱离少女时期女人的特权，相反，它存在于那些已经掌握了自己未来的女性手中。"我非常喜欢法国时尚大师可可·香奈儿对优雅的解读。孩子是妈妈的天使，一个甜蜜的负担，你能收获快乐，也承受着琐事的困扰。妈妈们，我希望孩子的到来带给你的不是无尽的烦恼、焦虑、担忧和抱怨，而是更多的快乐、自信和优雅。

我希望各位妈妈们一定要勤快起来，让生活紧张中不失有序，琐碎中充满活力。每天早上，妈妈们一定要早起，这样一方面可以把家庭琐事都做好，比如准备早餐、打扫卫生等，另一方面你也可以给孩子树立一个榜样，孩子看到妈妈这么早就起床了，也会渐渐有一种时间上的紧迫感，赶紧起床。每天早晨都充满活力，孩子的懒散心理就会被冲淡。

妈妈们可以制定一个日程计划表，把每天早上要做哪些事都一一写进计划表中，比如孩子第二天穿什么衣服，孩子早上想吃些什么，这些都需要先征求孩子的意见，妈妈最好不要干涉，因为满足了孩子的需求，他才会有早起的欲望。

想要改变孩子懒惰的个性，妈妈要有耐心，要持之以恒，这两样是妈妈以及孩子都不可或缺的。迈出了第一步，之后的也就不难了。

爱的节制

永植先生有一辆漂亮的小汽车，每逢节假日，常常带上全家人外出游玩，10 岁的儿子正男最高兴的事情就是坐在车里，看爸爸神气地驾驶汽车。

可是，永植每天上班总是一个人驾车独往，绝不让正男顺道搭车上学。

一天，正男感冒了，浑身难受，就央求爸爸送他一程。

"不行！"永植斩钉截铁地回答。

"爸爸，可我实在走不动呢。"正男苦苦地哀求道。

"其他小朋友还不是每天都走着上学吗？你怎么就不行？"永植一摆手便独自上车扬长而去。

正男默默地流着眼泪，只好背着大书包沿着大街慢慢地向学校走。当他艰难地走到十字路口，正要走上高高的天桥时，突然发现爸爸正站在天桥底下等着他。

见了儿子，永植什么也没说，只是掏出手帕擦去了儿子脸上的泪痕，然后一手拉着儿子，一手为他提着大书包，缓缓地跨上了一道道台阶。

"孩子，不要怪爸爸，你现在是学生，不能坐车上学。将来长大有出息了，一定能买辆比爸爸这辆更好的轿车。"

后来，正男写了一篇作文，题目叫做《懒爸爸》。为什么称之为"懒"爸爸呢？他列举了这么几件事：

记得小时候，我走路不稳，摔倒在地上，哭着要爸爸把我扶起来。可爸爸却不紧不慢地说："你自己爬起来嘛。"

我的校服脏了，妈妈要替我洗，爸爸却说："让他自己洗！"爸爸不替我洗还不让妈妈帮助，我只好硬着头皮自己去洗衣服。

家里的一些东西坏了，爸爸不但不管，还找来工具逼着我去修理。就这样，爸爸懒得做的一些事情，我自己都学会了……

最后，正男写道："懒爸爸，我慢慢长大了，你的良苦用心，我深刻地领会到了……"

"懒爸爸"永植实则不是"懒"，而是一位深深懂得教子原则和教子艺术的好爸爸。这里的"懒"和上文中我提倡的妈妈们要"勤"是不同的，它是一种爱的节制。

在中国生活很多年，我发现，日常生活中，很多父母都跟孩子说："你只要把书念好就行了，其他的事都不用管。"这一句话教出来的孩子会不会很勤劳？不会！很多妈妈们都抱怨老公懒惰不帮忙做家务，"我也是工作一整天，为什么家里的活都是我做？"但是自己却一点家务都不让孩子沾。这是无私的母爱吗？我觉得，不是！

近年来，在中国的城市里，从小学到中学，只要到了放学时间，学校门口总会挤满前来接孩子的家长，汽车排成长长的队伍等在路上。这种场面在韩国是很少见的，因为韩国家长们即便家里有车，也不会这样煞费苦心地来回接送孩子，而宁可让孩子自己坐公交车。周末出去郊游，爬山爬累了，家长们也很少抱起他们，而是在一边等孩子一会儿，再接着走。

孩子的自立能力和勤劳的特性要从小培养，而父母过度的关爱和包办，让孩子产生了依赖心理，不愿自己行动，便会越来越懒惰。所以，我想，我们做父母的，都应该反思一下，孩子太懒惰是不是因为我们太勤快了？

爱孩子，爱得"水深火热"，太盲目，太露骨。对孩子提出的要求，不管合理与否，一律无原则地迁就，甚至把孩子的缺点也当成优点来爱。结果呢，孩子越来越懒，自立能力差，遇到麻烦事不是想着如何自己解决，而是寻求父母的帮助……而永植先生那种育儿方式值得我们学习。适当懒一点，隐藏一点，不是不爱，而是爱得更深沉、更高尚、更科学、更艺术。

世界的美好如此应接不暇

懒惰的孩子很多都是心理消极、对生活提不起兴趣的。对此，我们要懂得激发他的生活乐趣，让他接触生活，特别是生活中的美好事物。认识了一种植物、会踢球了、交了一个好朋友……这也是生活的惊喜呢！

改变孩子懒散的习性，要让孩子有事儿做，站起来、动起来、忙起来。可以将一些适合孩子做的家务教给孩子，使他与其他家庭成员一样承担起家庭的责任，并在孩子完成任务的过程中给予适当的鼓励，让孩子体会到自己受到大人的平等对待和为家人作出贡献的成就感。劳动可以塑造孩子独

立的个性，赋予他生存的能力。劳动可以使孩子免受诱惑，防止他丢失人格的独立。这项任务也许在实施的过程中有些困难，但请务必要坚持。

运动是锻炼人意志的最好方式。经常运动的孩子相较于不运动或较少运动的孩子更加具有活力，在遇到困难的时候也会更加有韧性。因此，不妨给孩子报名参加跆拳道培训班或其他一些体育项目的培训班，或者和孩子约定每天一起外出长跑。不管是哪种方式，都要监督孩子，持之以恒。这样才能达到磨炼意志的效果。

在这个过程中，我要强调的是，要重视父亲的重要角色。在一个家庭中，父亲是生活的供养者，挣钱养家。相比妈妈，他更具有思想、进取精神和独立性，也更易被孩子追随和模仿。爸爸如果是一个工作上进、热爱运动的大忙人，孩子也会被带动起来。日常生活中，爸爸要和孩子形成良性互动，和孩子一起玩游戏、运动、探索大自然。在忙碌中成长，让他感觉，世界的美好是如此应接不暇。

孩子上学后，要不时给孩子提出一定的奋斗目标或要求。这样会让孩子感到自己时刻受到关注，并将这种关注化为一种驱动力，使其在学习和生活中无法停滞不前。但必须注意所提出要求的可实践性，不能设置超出孩子能力范围的标准。

第六章

孩子低能怎么办

　　为人父母，我们赋予孩子的不应该是高高在上的人生目标，应该是孩子对生活亲力亲为、脚踏实地生活的权利。学习、时间，这都是蒙蔽双眼的借口，即便培养出一个状元，连一些最基本的生活技能都没有，我们又能指望他什么呢？

　　孩子自有自己的人生道路，他应该而且只能是自己生活的主角。在主角尽力做自己的事情时，我们要做的是助他一臂之力，而非事事包办。孩子在自己亲身经历成功与失败的过程中会变得坚忍与自信，他在日后自会明白，一个独立自主的生活姿态，一身立足社会的技能，才是爸爸妈妈赐给自己最好的礼物。

不会剥鸡蛋的孩子

早上上班前，我给峻康准备了在幼儿园吃的小盒饭，里面还放了一个煮熟的鸡蛋。

可是，晚上峻康从幼儿园回来的时候，妈妈发现那个鸡蛋依旧完好无损地躺在饭盒里。

"峻康，妈妈给你放上的鸡蛋怎么没有吃呢？"

"……"

"是不是不爱吃？"

"……"

"那就是因为不饿？"

"……"

峻康低着头不说话，最后在妈妈的再三追问下，他才说了实话。

"是……因为……我不会剥鸡蛋。"

"……"

峻康每次在家里吃鸡蛋时，都是我们亲自给他剥好了，放在他碗里他才吃。这一次我们不在身边，习惯了我们为他剥鸡蛋的峻康只好流着口水，看着鸡蛋，然后无奈地饿着肚子回家了。

我开始反思，不只是剥鸡蛋，就是其他小事，比如系鞋带、穿衣服，我这个妈妈也是事必躬亲，从不让峻康自己做的。他

的依赖性就这样慢慢养成了。

婴幼儿对父母几乎百分之百地依赖，这在孩子很小的时候是自然和必要的，一个需要得到充分满足并强烈依赖父母的孩子，会对周围世界建立起基本的信任和安全感，这种信任和安全感使孩子逐渐变得独立起来。但是我们往往很难确定，究竟孩子该有多大的依赖性。特别是，随着孩子年龄的不断增长，他的独立意识就会逐渐显现出来。10个月大的孩子会要求自己进食，两岁大的孩子会说"我要做"，3岁大的孩子会兴致盎然地骑着儿童车跑出去，5岁的孩子会跟小伙伴玩得忘乎所以……如果在孩子有自理意识的时候，父母们还是不放手，事事包办，容易让孩子失去尝试的机会，从而变得自理能力差，低能。

我们这里所说的低能并非指因遗传或疾病所造成的智力低下，而是指因独立思维能力、独立生活能力和社交技能的缺失而造成的一种综合能力的不足。他们的智商没有问题，甚至比普通人高。他们中的大部分人学习成绩优异，长大后在学业、事业上有一定成就。但是低能的种种症状却阻碍了他们在生活和社会中取得更好的发展。

低能的孩子生活自理能力低下。这类孩子往往有着较差的独立性，离开家长之后不能很好地照顾自己，甚至连一些最基本的生活琐事也不能处理。

低能的孩子比较缺乏生活常识。现在的孩子们分不清韭菜和小麦，不知道什么是黄梅时节，更不懂得"朝霞不出门，晚霞行千里"。物质和科技的发展在使我们的生活现代化便捷化的同时，也使其变得单调乏味，减少了人与自然亲密接触、探索生活奥秘的机会。我们的孩子更是无暇关心每天吃的蔬菜是什么、怎么种出来的，他们的时间被各种公式和单词占据，闲暇时又沉浸在网络和游戏中。

低能的孩子社交能力存在不足。不能够依靠外界信息了解他人心理、社会规范和人际情境，不知道如何沟通、如何化解矛盾、如何准确表达情感。这类孩子往往对外界的感知力较差，不能顾及他人，常常活在自我的封闭世界中。

心理学家将这种现象称为"社会适应不良"，根源在于社会化的严重不足。社会化是个体在社会影响下，通过社会知识的学习和社会经验的获得，形成一定社会所认可的心理和行为模式，成为合格的社会成员的过程。社会化所要达成的目标是非常广泛的，凡是与适应社会生活、成功履行一个人的社会角色有关的知识、态度、情感、行为方式与思想观念、生活技能等，都属于社会化的目标。人类的早期社会化时期——即儿童及青少年时期，是个体接受社会化的最佳时期。这个时期对孩子的社会化引导不足，就会导致孩子社会适应不良，即无法适应社会。

孩子的社会交往能力直接影响到他的学习成绩，优胜的社会交往能力能够提高幼儿的认知能力、感知能力及身体体能的发展。并且，儿童的社会交往能力会影响其同伴关系的形成，对成年以后的情绪和社会适应具有长期效应。反过来，童年期不利的社交地位也是儿童后期反社会行为的"指示器"。

高分低能的多重成因

低能的孩子，有很多往往还是很聪明、智商很高的。之所以出现高智低能、高分低能的现象，和社会环境、家庭环境等有着莫大的关系。

在中国的中小学教育中，灌输式和填鸭式的教育仍占主导地位，老师起主导作用，大多孩子处于"听喝"的地位，是被动吸收者。因此，对老师的过分依赖使得学生的自主学习能力、独立思考能力以及实际动手能力都得不到充分的发掘与培养。除此以外，应试教育使整个社会对孩子成绩和分数的要求达到了偏执和极端的程度。考不了高分就进不了名牌大学，进不了名牌大学就意味着没有出路。因此，狂热而又无奈的家长们只能手持长鞭一路驱赶着孩子艰难爬向重点小学、重点初中、重点高中。"你唯一要做的事就是学习、考高分，其他的一切你都不要管，爸爸妈妈会给你安排得妥妥当当的！"家长们如是说，同时也是这么做的。

除了外部环境的影响外，父母的性格和行为对孩子的影响也是非常大的。经常在外应酬，比较善于沟通交流的家长往往带给孩子的是一种开明、爽朗的直观印象，在父母的渲染下，孩子也会乐于与人交流，为人处世也会处处学习父母的做法。而一些自身比较避世、刻板、不善于与人交往的家长则会在不知不觉中给孩子传递一种消极信息，受父母的影响，孩子也会变得不善交流，做事不会变通。

还有值得关注的一点是，父亲的角色对孩子的影响更大。一般而言，一个家庭中，爸爸都比较容易适应新的环境，无论说话语气、办事风格都与妈妈不一样，同时也能造就或强化孩子的外向性格，有助于孩子积累社交经验和社交技巧，为日后提高社会适应能力，健全人格打下良好的基础。与爸爸生活时间长、受爸爸影响多的孩子，容易继承爸爸的基因品质：独立、自信、坚韧、大度、自尊心强等。如今，生活压力越来越大，在一个家庭中，爸爸往往承担了挣钱养家的责任，而照顾孩子成了妈妈甚至是爷爷奶奶的事情，这种情形下，孩子缺少与父亲的交流沟通，无法习得男性身上独立、自信、坚忍等良好品性，对他的早日独立也是有所影响的。

你无权剥夺孩子做事的机会

何谓成才？就是拥有大抱负，轰轰烈烈做大事吗？我认为不是。父母在教育孩子的过程中，不应抱着"孩子以后是要做大事的"想法，只给孩子一个高高在上的目标，高到虚无缥缈，却忘了低头看看脚下的路。孩子小的时候，生活经验的习得非常重要，凡事都让他亲自试一试，他才能获得最真实的体验。

在美国，孩子五六岁起就开始找一些力所能及的活干：送报纸，送牛奶，临时照看孩子，帮邻居养几天猫狗，或是帮着整理花园草地。雇主按钟点或按工作性质付钱。美国的高中生要想顺利获得毕业证书，除了要达到学分、成绩的要求外，还要做满一定时数的义务劳动，即做义工。义工工种繁多，孩子们大多是在教会或社区为穷人、残疾人和老人服务，如为穷人修房子、搬运东西，到老人院陪老人聊天等。在美国，每年都有"带孩子上班日"。在这一天，不少公司鼓励员工带年龄6～16岁的孩子来上班。据说这一活动的初衷是鼓励女性参加工作，后来演变成让孩子了解和学习父母的生存之道。

美国家长和社会对孩子参与劳动持肯定的态度，而且这种态度深深地植根于所有国民的思想观念里，在整个国家达成了一种共识。美国的父母让他们刚会走路的孩子自己穿鞋、系鞋带。不管孩子需要多长时间，都不会去帮助孩子，只是默默地等孩子自己穿好。他们认为，父母帮助孩子做事是剥夺了孩子做事的权利。他们鼓励孩子工作，为孩子创造工作的机会，并且认为：你付出了劳动，就该得到回报。在这样的环境下，孩子的动手能力、独立处理问题的能力都得到了培养，而且与他人接触有助于提高他们的社交技能，也使得他们的性格更加开朗自信：我会工作，我能挣钱养活自己。

中国的孩子"高分低能"，美国的孩子"低分高能"，这种让人尴尬的差异其实是由两国家长们对待劳动的不同态度造成的。在很多家庭中，孩子穿衣吃饭这样的小事，父母也会强行代劳，阻止孩子自己动手。我曾经看到一个8岁的小孩由妈妈喂饭，我问她为什么不让他自己吃饭，妈妈答道："他自己吃饭吃得太慢了，而且汤汤水水撒得满桌都是，还是我喂比较好。"对那些连孩子吃饭慢都着急的妈妈，我想问，吃饭都得喂，你让他怎么学会自食其力？学习任何一种本领或知识都需要花费时间和精力，更何况是一生中都要用到的吃饭的技能呢？你有什么权力剥夺孩子做事的机会！

而且，一种心理似乎也正在流行：在这个以勤劳为传统的国家，现代人对劳动的态度已然悄悄改变。劳动不再是一种光荣，而是一种没有身份、没有作为的表现，只有"头脑简单，四肢发达"的人才会靠体力为生。家长们一心要将孩子培养成大学生，培养成靠头脑靠知识吃饭的人。将年幼的孩子送去各种早教中心开发智力，培养兴趣爱好，却不让他们学会自己穿衣吃饭；将孩子关进学校和各种补习班，自己则包办他们的一切。在家中不让孩子沾手任何家务，在学校中也请老师少让孩子参加打扫卫生的活动……

为人父母，我们赋予孩子的不应该是高高在上的人生目标，应该是孩子对生活亲力亲为、脚踏实地生活的权利。学习、时间，这都是蒙蔽双眼的借口，即便培养出一个状元，连一些最基本的生活技能都没有，我们又能指望他什么呢？

隔离措施让孩子更拙于交往

预测一个孩子成年后的生存能力，不要看他现在的学习成绩，也不要看他乖不乖，能不能遵守课堂纪律，最好的办法就

是看他能不能跟其他孩子合得来。一个人将来如何发展，向哪方面发展，很大程度上取决于他与什么样的人接触。

人际关系是孩子学会做人、做事，变成一个社会人的重要途径。孩子每天都需要从他人那里获得信息，学习他人的经验和智能，通过与其他人的沟通协调，合作完成某件事情。从搭积木游戏到集体活动，再到成年后的工作，都离不开人与人之间的交往与合作。在与他人的交往中，孩子获得了更多学习各种知识、积累社会经验的机会，逐渐理解和掌握道德行为规范、社会价值观念，学会认识别人和评价自己，渐渐地形成不同于他人的意识倾向、心理特点和个性品质。

有些父母总是说："现在的社会太混乱，人情关系太复杂，我不想让孩子过早接触这一切。"于是对孩子采取了"隔离"措施。就像害怕孩子生病，把他放在一个封闭的、无菌的房间里。他们害怕孩子被别人带坏，控制孩子交友，不允许孩子去同学家，也不允许孩子带同学回家。他们从不带孩子去外面的饭局，家里来了客人也常常要孩子回避。他们从不让孩子听到大人间的谈话。甚至不让孩子看书本以外的报纸杂志，限制孩子看电视和上网。这种隔离式的教育出自一种因噎废食的恐惧和避让，最终只会导致孩子对社会的严重不适应。

孩子是社会的孩子，我们不要把自己当成他的救世主，也不要把他当成自己的唯一。现在的孩子本来就没有兄弟姐妹可以交流，大多数时间是在楼房里与电视机、电脑、玩具相伴，与同伴交流合作的机会非常少。我们再对孩子的交往进行限制，孩子就犹如被蒙蔽了双眼、堵塞了双耳，对外界发生的事一无所知，同时也不会与各式各样的人打交道，并且会害怕与人交往。这样下去，他们往往会变得思想幼稚，性格孤僻，越来越拙于和别人交往，变得"低能"，这样不仅不能保护他，反而更容易导致他上当受骗。

你只是孩子生活的配角

对孩子来说，爸爸妈妈在成长过程中的帮助是必要的。但是，我们任何时候都应明确，孩子自有自己的人生道路，他应该而且只能是自己生活的主角，我们只能充当配角。我们主宰不了他的未来，正确的做法应当是指引孩子树立正确的价值观，让他能够独立生活。

在韩国，父母们崇尚自然育儿的方法，将孩子的生活、教育、游戏等都尽可能回归自然，最大限度地使孩子在自然的状态下成长。经常鼓励孩子做一些有意义的冒险活动，如登山、攀岩等，以此来锻炼孩子的坚强意志和勇敢精神。孩子很小的时候，父母们就试着让孩子单独睡，从小培养孩子的独立意识。很多妈妈不放心婴儿自己睡觉，怕出什么事：有的是怕孩子睡觉时因蹬被子着凉而生病；还有的是怕分床睡觉，和孩子少了那份亲情。其实，从卫生角度来说，让孩子单独睡更为科学，因为父母和孩子同睡一床，父母呼出的浊气易被孩子吸入，对其健康不利。

　　中国的很多爸爸妈妈，当孩子开始蹒跚学步的时候，总担心孩子会跌倒、磕着、碰着，或者走到危险的地方去。但是，越过了障碍，经过了碰撞，孩子才能越走越快。完全把孩子保护起来，不让孩子经过磕磕碰碰的练习，孩子只会在原地打转。当孩子长大再遇到问题时，再埋怨孩子："你怎么连这个都不会！"那就为时已晚了。

　　不要成为孩子生活的主角，我们只是一个配角。在主角尽力做自己的事情时，配角的作用就是助孩子一臂之力。孩子在自己亲身经历成功与失败的过程中会变得坚韧与自信，他在日后会明白，一个独立自主的生活姿态，一身立足社会的技能，才是爸爸妈妈赐给自己最好的礼物。

还给孩子属于自己的自由与责任

　　"峻康，你可不要乱动妈妈的电脑啊！"

　　"嗯。"

　　"咦？你怎么把它打开了？"

　　"……"

　　"还把网络也给连上了？"

　　"……"

　　"谁教你的？"

　　"谁也没教。"

　　"那你是怎么学会的？"

"我自己学会的。"

"怎么会？你连个鸡蛋都不会剥。"

"不要再提这么丢人的事儿啦！我现在啥都会的！"他骄傲地说，"爸爸用电脑的时候，我在旁边偷偷看，就学会啦！"

由于怕峻康捣乱，我再三告诫他不要乱动电脑。本以为他年纪小，不会玩这么"高级"的东西，没想到这个"小间谍"早已偷偷把"情报"弄到手了，看来我低估他的学习能力了。

许多父母都存在一个认识上的误区，认为只有大人教、孩子学这样的方式才叫真正的学习，这无疑大大缩小了学习的范畴。其实，学习的含义是相当广泛的，途径也是多种多样的。害怕孩子捣乱而阻断孩子学习的途径是不明智的。孩子适应社会的能力就是通过对大人世界的模仿和学习慢慢培养起来的，如果禁止他们这么做，不是在剥夺他们固有的权利、削弱他们未来的生存能力吗？

关于如何培养孩子的生活自理能力，德国从事"7岁儿童认知世界"课题研究的专家认为，一个7岁的孩子应该具备这些本领：单独修理一件东西，比如修补破损的图书，给玩具按一个螺丝钉；能整理物品，分门别类地使用纸箱、塑料袋、抽屉和木匣；研究过拉链和门锁，会使用插销和钥匙；不会将自己不小心反锁在屋内；拧过螺丝，给电器换过电池，等等。这些小事是孩子能够学会的，我们应该把学习的机会还给他们，而不是怕他捣乱而禁止。

孩子都有着强烈的好奇心，他们对周围的一切都感到新鲜和好奇，并且怀着浓厚的兴趣进行观察。正是这种好奇心，推动着孩子对周围的世界作出观察，并且通过这种观察来认识这个世界。我们不让他学的，他反而更想试一试。能够偷偷地学会一项本领，尤其是大人不允许的事情，他心里就会有一种紧张感和喜悦感。我们不要以"少给我捣乱"为借口，剥夺了孩子从生活中学习知识的自由。他有接触生活的自由，同样，这也是一种责任。对于孩子的这种学习活动，你应该感到高兴，并且给予表扬和鼓励。学习能力强的孩子往往比较聪明机灵，能较快地接受新事物。

带孩子体验人情世故

"爸爸今天要去李叔叔家做客，你要不要一起去？"

"……"

"不说话就是不想去喽，那爸爸可要走了！"

"爸爸，别走！"

"你想去？"

"……"

"怎么又不说话了，到底想不想去呀？"

"想去。"

"那你还吞吞吐吐的！"

　　孩子其实非常想跟爸爸一起去，可又不善于表达自己的意思，或者，他犹犹豫豫，害怕即将面对一大群陌生人，不知道如何驾驭那种复杂局面。其实，孩子的踟蹰正预示着他在做选择，在试着参与大人世界里的人情世故。与自己家完全不同的环境对他有着极大的诱惑力，孩子从三四岁开始，会有探索家庭之外的世界的欲望，这是他开始出走"个体的人"到"社会的人"的第一步，是培养孩子的社会交往能力的起点。

　　人情世故在生活中不可避免，孩子早晚都要学会处理种种人情关系。我们不应该回避对孩子的有关人际交往的教育和引导。人的心理受环境影响，如果孩子们长时间"独处"，只在家里玩玩具、看电视、玩手机电脑、不接触其他人，他的脑海里就没有他人的意识，而且没有和他人交往的习惯，长时间下去当然没有跟他人交往的技能。

　　人际交往不仅指和熟悉的伙伴、同学、老师的交往，还包括和个人生活领域、公共生活领域中的所有陌生人的交往，比如爸爸的老师、餐厅服务员等。家长也要教孩子与这些人交往。父母们不妨多抽出些时间陪孩子，创造出各种社交条件，培养孩子的社交技能。像家里来客人了，我们可以让孩子主动叫"叔叔阿姨好"，主动倒茶接待，孩子耳濡目染，渐渐地就学会了待人接物的道理。不要总是嫌带孩子参加活动很麻烦，其实，父母的合群会很好地带动孩子。可适当地带孩子去参加一些单位聚餐之类的活动，让孩子们见识到各种场合，学习和不同人打交道的方法。帮助孩子增长见识，增强信心，使孩子在社会

交往中摆脱不好意思、扭扭捏捏的姿态，慢慢变得自信、落落大方。同时，还应鼓励孩子们多参加集体活动，学会和其他小朋友互相友爱，彼此尊重。

很多家长都有顾虑：饭局上各色人等都有，说话无所顾忌，怎能放心地让孩子面对这种场面？社会如何险恶，孩子受伤了怎么办？对于这些，我想说的是，孩子总有一天要长大，要独立去面对这个世界，而他们要遇见的人和事物又是由不得他们选择的，为了使孩子从容地接受这一切，我们应该让孩子去慢慢体验，让孩子时时刻刻与社会的步伐保持一致。这些信息中会涉及社会的阴暗面，孩子的阅历尚浅，不能完全区分辨别，我们也有必要从旁对孩子进行正面的引导，这一点是非常重要的。

父亲的力度

说到带孩子的经验，常常出现的情况是，妈妈滔滔不绝，爸爸却一脸茫然。这在一定程度上反映了爸爸在教育孩子上的缺位。在此，我想再次重申一个观点：爸爸一定不要缺位亲子教育。

从男女的性别特征来看，男人具有阳刚、果断、勇敢、抗压能力比较强等特点，女人具有温柔、细致、耐心等特点。在教育孩子方面，男人和女人最大的不同之处在于，男人更愿意对孩子放手。同时，父亲在孩子的自尊、自信及性格形成的过程中扮演着重要角色。

人有视觉、听觉、味觉、触觉，还有两个很多人不知道的，就是前庭感觉和本体感觉。这两种感觉在大幅度运动的时候才能获得。母亲带孩子的时候这两种刺激是比较少的，而触觉刺激比较丰富。比如搂抱、轻轻摇晃等，它给孩子一种安抚的感觉，一种平静。

孩子的成长分三个阶段：一、把我抱紧点；二、把我放下来；三、别来打扰我。这三个阶段中，"把我抱紧点"被认为是需要母亲、需要抚摸的阶段。"把我放下来"的阶段他要学走路，要奔跑，这时候他就需要父亲。父亲抱孩子的时候拉力比较大，轻抚比较少，给他的兴奋刺激是不一样的。如果孩子没有接受过这样的"刺激"，前庭功能就会相对较弱，这样的孩子对空间的感知力比较差，往往对于探索性的行为比较恐惧，到新环境里，比如很空旷、很陌生的场合会退缩。

缺少父亲的陪伴，孩子的运动能力和与自然的接触能力也会相对欠缺。父亲大多喜欢和孩子一起玩运动性、技术性、智能性较强的游戏，并以其固有的男性特征，如坚毅、深沉、果断、独立性、进取性、合作性等影响孩子。爸爸在与孩子交往时，总有更多的力量体现和鼓励孩子独立进行探索，使孩子的信心大增，有勇气面对陌生环境或困难。父亲那种有力度又具男性风格的处事风格和表达爱的方式，对孩子也有一种特殊的吸引力。而父亲的一些独特"手艺"也深深吸引着孩子，比如喜欢摆弄电器，喜欢做木工等，这些对提高孩子的动手能力很有帮助。在游戏的时候，父亲通常会和孩子一起玩，而母亲通常是

扮演保护、辅助的角色。游戏结束，父亲会马上投入到另一件事情中，这无疑是一种收放自如的生活之道，而这完全是由男性自身的性格决定的。父亲带领孩子玩游戏的主题也会不同，这对于孩子全面智力的开发非常有益。男性的性格一般是比较趋向自由的，所以在玩什么、怎么玩儿上颇具创新性，这有利于开发孩子的智力，提高孩子的动手能力。研究发现：孩子智能发展的高低与和父亲接触的密切程度息息相关。心理学家麦克·闵尼指出：一天中，与父亲接触多于 2 小时的孩子，比那些一周以内接触时间不到 6 小时的孩子，智商更高，人际关系更融洽，能参与的活动风格更开放活泼，并具有进取精神及冒险性，更宽容洒脱，在社会交往中的主动性更强。

更有趣的是，研究人员还发现，父亲对女孩子的影响力要大于对男孩子的影响力，与父亲密切相处的女儿数学成绩更佳。一个智慧型的父亲，能用自己的智慧启迪孩子的一生。

然而，在当下的中国式亲子关系中，爸爸常常是缺位的那一个，他们负责赚钱养家，对孩子成长的关注相对于妈妈来说较少，也因缺乏柔性而常常让幼小的孩子"望而生畏"。在此提醒爸爸们要摆正自己的心态，将培养孩子当做夫妻共同的事业，双方共同努力，让孩子得到全面的呵护和成长。不要以"忙"为借口而忽视了孩子的成长。少一些应酬，多一些时间跟孩子一起做游戏，让孩子学习你身上那种勇敢、合作、有主见、意志坚强的良好人格品质，更好地开拓社会交往技能。

第七章

孩子贪占怎么办

反复强调的教育原则依然是：让孩子多多与人交往。与外界的互动，特别是与同龄人的互动对孩子建立"现实原则"非常重要。通过与外界的接触，孩子会了解到自己并非世界的中心，还有一个现实世界是不受自己的想法控制的，并逐渐形成独立个体感觉。

在与同龄伙伴的交往中，通过共同的游戏和共同的活动，孩子能逐渐学会如何表达自己的愿望，如何彼此友好相处。这个过程，也是孩子走出自我的小圈子，接触他人、集体，逐渐懂得无私、利他和奉献的过程。

孩子的小贪心

峻康是个典型的小淘气。有一次，他正玩着自己心爱的玩具，但看到静美抱着一只可爱的泰迪熊在玩，就走上前去抢。而他的手里还死死地抱着自己的电动玩具不松手。静美抢不过他，伤心地哭了。

"峻康，你怎么能抢静美的玩具呢？"

"我想玩一玩她的泰迪熊！"

"那你把你的电动玩具给静美玩吧。"

"我不！"

"你们是好朋友，应该一起玩才行啊。"

"我只想自己玩！"

"可泰迪熊是静美的。"

"我喜欢，就要！"

"……"

像峻康这样"吃着碗里瞧着锅里"的孩子，大人都觉得他贪心。这种贪心，表现在对"物"的无尽追逐上。也就是说，孩子的"物欲"较重。

欲望是万恶之源。而过多的欲望就是贪。在这个利欲熏心的社会，由贪引发的各种罪恶从潘多拉的魔盒中肆意飞出：收受贿赂的官是为贪；偷盗之人是为贪；上当受骗之人亦因为贪。

人们认为这些丑恶的行为只是成人世界的重重鬼影，却不想这些鬼影早将魔爪伸向了孩子们幼嫩的心。

孩子也会贪，因为孩子也有欲望，欲望是我们的原罪。人在生命最初的时候，就体现出贪婪的本质——索要乳汁，而且要足够多，得不到满足就会哭闹。随着年龄的增长，这种贪的表现也会随之升级，在各个年龄段里有不同的表现。

贪吃，占有欲强，主要体现在三四岁的幼儿身上。记得有一年暑假，我把表姐家的孩子元皓接到家中给他辅导作业，恰巧我一个朋友因为忙，也把孩子拜托给我照顾一天。

中午准备开饭了，我将一盘土豆烧牛肉端上桌之后，转身去厨房盛汤。一会儿，元皓跟了进来，拉了拉我，偷偷地说："你去看看他，他把所有的牛肉都夹到自己的碗里去了！"

我不动声色地捧着汤碗走出去，土豆烧牛肉果然只剩土豆了，再看看他的饭碗，米饭堆得高高的，但是白饭下面露出褐色的汤——他把牛肉藏在了米饭下面！当时我们还没有开饭，看来他只是做好了饭前准备。我什么也没说，拿起盘子又去锅里添了一些。

正式开饭的时候，他还是一个劲地盯着盘子里的牛肉，不停地往自己碗里夹，而那些事先埋在饭下面的早已被他忘却。那顿饭，他吃得跟打仗似的。

孩子在三四岁时开始学会表达自己的需求，而且之前初步形成的自我意识在这一阶段会更加强烈，加之由婴儿时期形成的要什么就有什么的心理暗示，使得这一年龄段的孩子会得出这样的论断：整个世界都是我的，我想要什么就有什么，因此他们会不断索取，看到什么都要，拿在手中就不放下。这一点年轻的妈妈们最有体会。很多妈妈抱怨不敢带年幼的儿子或女儿去超市，进去容易，出来可就难了。这些小宝宝就像小土匪一般见到什么都要，包装花哨的饼干和巧克力，他们抓住就咬，妈妈们怎么抢都抢不过那两只抓得死死的小手，最终只能将那些被咬坏的包装袋拿去收银台结账。在玩具区，宝宝们一手握枪，一手抱着气球，任凭妈妈怎么哄、怎么拖都不肯放下手中的东西，如果妈妈敢来硬的，他们就放声大哭，赖在地上，甚至对妈妈发起进攻，又抓又咬。有些妈妈也为此想过一些对策，在进超市之后就主动拿一包零食或是一个玩具给孩子，企图以此来吸引孩子的注意力。然而孩子们根本不会就此满足，与大人们去超市带着一定的目的性不同，孩子们去超市纯粹是一次对占有欲的释放和满足，所有看到的他们都想要。

贪小便宜这种行为会出现在五六岁的小孩身上，在小学生中尤为常见。

别以为孩子只喜欢称王称霸，有些孩子就喜欢屁颠屁颠跟在别人后面当小跟班，但他们只会跟随大方的孩子。因为这些大方的伙伴常常会有意无意地给他们一些小恩小惠，比如放学后请他们吃东西，随手送给他们一些自己不想要的文具等。这些受人恩惠的小朋友并不是家境困难，买不起自己想要的东西，他们只是想得到别人拥有的东西。

上小学的时候，每天上午课间休息时，学校都会给我们

发点心。记得当时我上四年级，班里人人都订了点心，只有一个外地的插班生没有。大家理所当然地认为他家里很穷，于是有些同学就好心地将自己的点心让给他吃。后来这个男生开始围着这些同学转，每天就等着别人将点心送给他。再后来他竟然主动开口问每一位同学："你的蛋糕吃吗？"很多同学觉得他可怜，都把点心送给他。有时，连同学忘记带回家放在抽屉里的点心，他也不问自取。"收成"好的时候，他一天能得到二十几个点心。

但是突然有一天，老师将他叫去了办公室，然后在班上宣布，以后禁止任何一个人将点心送给他。原来，这位同学的家境不错，他只是从同学们的善良中看到了商机，将每天收得的点心拿去卖给了学校附近一个收泔水的老人！本来他做得神不知鬼不觉，直到有一天放学后，被班主任撞见他拎着一包蛋糕，在教室里一个一个地查看其他同学的抽屉。班主任觉得蹊跷，就一路跟着他出了校门，随后发现了他背地里的交易。同学们得知事情的真相后很气愤，都不再理睬他。

现在想来，这位同学只是爱贪小便宜而已。就如他自己所说，他并没有谎称自己家境困难，是我们一厢情愿这么认为的，他只是觉得既然有免费的点心吃，何乐而不为呢？但是他的贪心使他将其发展成为一桩交易，驱使他去收集更多的点心，最终暴露了他的"恶劣行径"。

贪占还有一个表现：小偷小摸。这种行为大都出现在 8 岁以上的孩子身上。当孩子的贪心和占有欲随着年纪的增长而愈加膨胀，有时就会做出一些道德规范以外的事情。而孩子自身已经意识不到这是一种错误的行为，他们做起这些事来就和做其他事一样自然，如此长久下去，不受制止，孩子就会成为惯偷。有些孩子会偷偷将班级里的公共物品带回家；有些孩子则会将同学的东西顺手牵羊；有些胆子大的甚至去商店偷东西。这些孩子做出这种行为可能并不是因为买不起想买的东西，也不是因为自己迫切地需要这些东西，仅仅是因为他们瞬间膨胀起来的欲望让他们控制不了双手。

如影随形的物质匮乏感

英姬是我在韩国读大学时的室友，家境还算宽裕。小时候，英姬觉得一切挺好。但英姬的妈妈却不满足，因为她的弟弟们早年在商海打拼，都已事业有成。为此妈妈和爸爸开始争吵，最终在妈妈的逼迫下，爸爸离开了家外出创业。英姬慢慢意识到，钱是非常重要的东西，没有钱爸爸就不能回家。逢年过节，舅舅们回家探亲，妈妈就会满脸堆笑，忙里忙外。有时舅舅带英姬去城里玩，妈妈就会叮嘱她挑一些贵的东西买，让舅舅付钱。

上了大学之后，英姬发现有钱人实在太多，宿舍里的女孩穿的名牌衣服、用的名牌化妆品，她听都没听说过。她心里又开始不平衡起来。然而妈妈却对她说："你要努力进入她们的圈子，到时候认识了有钱的男朋友，不就和她们一样了吗？"

于是英姬找了一个有钱的男朋友，一次次地从对方那儿索得首饰、化妆品和名牌手袋。她经常向朋友炫耀："今天我们一起去某某餐厅吃饭了，吃完饭去超市买了好多巧克力！"朋友说："这样不太好吧。"英姬却说："有什么不好的。"

为了找到更有钱的男友，英姬和多个相亲对象保持暧昧关系，一个相亲对象后来发现英姬为了满足一己贪欲脚踏几条船，于是带英姬去了一家高级餐厅。用餐后，他当众揭开英姬的伪装，并留下高昂的账单扬长而去。学校的同学和朋友们知道了这些事情后纷纷远离英姬，对她十分鄙视。

现代社会，物质至上，人人追名逐利，以积累物质财富为荣，孩子们的世界也受到极大的影响。孩子原有的一些小小的占有欲被不断煽动、膨胀，最终欲望多到难以控制，就变成了贪。而现今的媒体，也在不断地向我们的孩子传播这样一种价值观：拥有足够多的物质就能拥有一切。看着影视剧中那些身家过亿，要风得风要雨得雨的富家公子和富家小姐，很多孩子开始对自己的生活产生不满足感。这些社会因素给孩子心中欲望的种子浇灌养料，使其生根发芽。

每个人都有欲望，但并非所有人都贪占。有些人能够很好地控制自己，有些人知道适可而止。因为自己的贪得无厌，英姬付出了惨痛的代价。而深层次的原因是，英姬对物质的无法满足的欲望源于自幼形成的一种物质匮乏感，而这种匮乏感恰恰是英姬那位唯利是图的妈妈给予的。妈妈通过与舅舅们进行比较，用物质的落差来刺激英姬，并在英姬的成长过程中不断地提醒她物质的重要性。也许英姬最初并不认为自己穷酸，是在妈妈的一再强调之下，她才意识到：我的物质基础真的不如别人。另外，妈妈还教英姬只要用点技巧向别人索取，就能获得自己想要的东西。这是一种典型的贪小便宜的行为，不仅让孩子学会觊觎他人的所有，还让孩子习惯不劳而获。而轻易地获取自己想要的东西又进一步地加强了英姬的贪欲，使得她在贪心的泥潭里越陷越深。

我们在亲自教坏孩子

有一次，我和峻康去一家自助餐厅吃饭，那里只要消费就送免费的自助水果沙拉一盘，但是只能去拿一次。去拿沙拉时，我看见一个妈妈带着儿子在那边叠沙拉，可能盘子不够大，放不下他们要拿的东西，妈妈就在沙拉台上吃起了西瓜，还顺手拿了一些黄桃片塞进小男孩的嘴里。我看到他们盘子装得满满的，吃得也不少。我们都装完了，他们还站在沙拉台旁边吃。

可能很多父母都有一种思维模式：我花钱了，就应该吃饱吃好。特别是这种自助餐，花这么多钱还装什么客气？

很多家长如以上这位妈妈一样，在平时的生活中会不知不觉地给孩子做出一些不良示范。比如外出旅游时在购票入口处浑水摸鱼，还对着孩子表现出窃窃自喜的神色；在超市散装食品柜旁，偷偷拿一些散装的糖果塞进孩子嘴里……这种行为并不是有意识地去教孩子贪占，而是一种不自觉的习惯性示范。

因为觉得这是一种正常而聪明的举动。

爸爸妈妈们这些花样繁多、无处不在的贪占示范，让孩子在潜移默化中习得，为自己多争取一些好处是正常的，只要多动一些脑筋，想要什么就会有什么。长久下去，孩子越来越精于算计也就不足为奇了。

"想要什么就买什么"也是造成孩子物质欲强、贪心不足的原因之一。包含两方面的内容。第一是对于家长来说，家长自身想买什么就买什么。很多妈妈喜欢带孩子去购物，在商场或超市里大手笔地扫货，看到喜欢的就买，丝毫不考虑价格。这时，孩子也会兴高采烈地模仿大人去拿自己喜欢的东西。拿了一件又一件，完全不知道适可而止。当这种行为遭到阻止时，他们就会因为欲望得不到满足而大哭大闹发脾气。孩子是通过观察成人的言行来产生物质化的欲望的。他们会认为，既然大人们想买什么就可以买什么，我为什么不行？妈妈的消费习惯就这样在潜移默化地影响着孩子。第二是对于孩子而言，孩子要什么，家长就给买什么。随着生活水平的提高，家中往往又是一个小孩，这种情况是常常发生的。家长们不忍也不会拒绝孩子的任何要求，总是想方设法满足他们。

对孩子过度溺爱，顺从，孩子要什么就买什么，会使孩子习惯于获取和占有。而且这种轻易获取的东西往往得不到孩子的重视，孩子很快就会将它们丢到一边，转而去寻找更有意思的东西。长此以往，孩子的欲望就会越来越多，也就变得越来越贪占了。

贪婪，以致贪得无厌，沉溺在无尽的物欲之中，人将变得毫无自律可言，更谈不上自我警惕。孩子年龄尚小，对物质的占有欲太强烈，而父母如果不及时发现，及时纠正，他以后的成长方向就可能出现偏差。

你也要控制自己的欲望

当孩子表现出贪得无厌时，大人总是感到迷惑不解，同时也为孩子的行为感到羞耻。就像峻康抢占静美的玩具这件事，事实上，几乎所有孩子都会或多或少地发生过争抢玩具的事情。孩子会因为一件玩具而高声尖叫、哭喊甚至相互撕咬，其愤怒与焦虑的程度会让我们这些大人们感到不可思议。

大人们应当尝试着理解孩子的这种占有欲。因为任何一个孩子的思维都是以自我为中心的，他只以自己的眼光看待事物，对于"抢别人的玩具是不好的"这一判断并不认同。其实在很多情况下，孩子并不是贪恋"物"本身，而是希望用"物"来替代某些别的东西，比如爸爸妈妈的关注等。

当然，在孩子身上也存在着一些名副其实的"贪占"行为。如果我们无限制地满足孩子的愿望，孩子想要什么就给什么，就会让孩子养成沉溺物欲的贪心品行。当得不到的时候，他会不择手段地得到它，甚至会动一些"歪脑筋"，偷偷拿别人的东西。久而久之，无疑会使孩子品质堕落，甚至走上犯罪的道路。

我们怎么才能阻止孩子变成一个贪占的人，染上由贪引发的各种恶习呢？我想，父母要抑制孩子的欲望，必先控制自己的欲望，尤其是在孩子面前。野心和贪心不是一个道理，大人可以对生活和事业有野心，但不可贪心，对利益和物质的追逐要懂得适可而止，要学会知足常乐。日常生活中，应当注意不要将金钱、利益常常挂在嘴边；更不要将"上大学，赚大钱"作为孩子的目标，鼓励孩子追名逐利。平日也要注意自己的行为，不要自私自利、斤斤计较，更不可有鼓励孩子自私贪占的言行。对于年幼的小孩，当其因为欲望得不到满足而发脾气时，我们应该坚决但温和地说："不！"。你若你想让孩子有一颗感恩的心，就该经常让他经历等待和渴望的过程。但如今的情况是，很多孩子刚学会走路，大人已经迫不及待地给他买好儿童自行车了，孩子会认为他得到这些都是理所当然的。孩子体会不到内心的长久渴望被满足的那份喜悦，当然不会珍惜。

对于年纪稍大一点的小孩，我想与父母们分享我们家的做法。当意识到峻康有"小贪心"之后，他再向我索要东西时，我就让峻康将自己的想要的东西写在一张清单上，一个月之后带他去商场，声明只能买清单上的一件东西，他犹疑不决时，我会帮他分析哪些东西有用，哪些买了没有意义，然后让他自己做出选择。让孩子的欲望与时间对抗，让一些一时产生的占有欲在等待中消失殆尽。同时，通过选择的方法让孩子明白哪些对自己有用，哪些是自己真正需要的，建立正确的物质观念。

当孩子获得这一个等了一个月又经过多次PK才留下的物品时，他会更加珍惜。

君子爱财取之以道，我们还应当教育孩子靠自己正当的劳动和努力去获取自己想要的东西，而不是指望别人给予，甚至通过一些不光明的小手段去获取。不劳而获往往使人不珍惜自己所得，因而不会满足。让孩子自食其力会使孩子获得一种快乐，一种成就感。其背后蕴涵的深刻的教育意义在于：告诉他，通过努力可以改变自己的命运。

孩子到底缺什么

周末，一个朋友和她的女儿来家里做客。我忙前忙后，给她们张罗韩国菜。峻康第一次见她们，有些拘谨，总是时不时地跑到厨房里来。

"峻康，跟小妹妹一起玩会儿吧，我要给她们展示妈妈的拿手菜哦。"

峻康左顾右盼，一会儿悻悻地出去了。

"妈妈，我想吃苹果。"不一会儿，峻康跑了进来。

我把苹果递给他一个，继续做菜。

但过了一会儿，他又进来了。

"妈妈，那个果酱是什么味儿的啊？"

"……"

"妈妈，你要做几道菜呀？"

"……"

"妈妈……"

"不要问了，没看妈妈在忙吗！"

我有些恼火。这样的情况已经不是一次两次了，每次家里来客人，他都跟碰见坏人了似的，一直躲着他们，黏着我。

"哇……"峻康大哭起来，手里的苹果掉在了地上。

最让我担心的事情还是发生了。

这样的场景爸爸妈妈们应该不陌生吧？其实，孩子有这种举动，很多情况下并不是对"物"本身贪恋执着，而是为了用该"物"来"补偿"别的某种东西。尤其是幼儿时期，他们对外界产生的各种情感是直观而脆弱的，家长们一些不经意的行为或习惯就会伤害他的情感，使他在某一方面感到失望、焦虑，随后将这些失望和焦虑转移为对其他东西的关注，形成对某样物质的贪占。当感到妈妈的爱和重心被客人夺走了时，孩子的内心常常非常失落。为了发泄自己的不满，他会装病，会想方设法吸引妈妈的注意力，甚至会去抢夺小客人的玩具来吸引妈妈的关注。有些孩子认为拥有的玩具越多在伙伴中就越有威信，他们不断地索要玩具就是为了被接受、被喜欢，能成为小团体中的一员。但是，无论抢到了多少东西，他都不能获得真正的满足感，因为这不过是一种胡闹的依赖。

理解了孩子怎么想，我们应该能很好地处理孩子的贪心了。当孩子表现得贪得无厌时，我们不能把眼睛只盯在表现的"物"上，而要把注意力投向孩子的情感需要。要经常观察孩子，与孩子交流，了解他们到底是怎么想的，需要的是什么。

别让他有物质自卑感

我自己小时候有过一件很伤心的事情，让我记忆犹新。

小时候家里条件拮据，我很少有零花钱。有一次，我嘴馋了，就向小伙伴借钱买了几块糖，并告诉他千万别把这件事告诉大人。但有一天，我们闹别扭了，我恨不得和他绝交，而他则追着我要我还钱，最后追到了我们家。我好害怕，只好羞愧地告诉妈妈真相，并求她把这个小伙伴赶走。可妈妈恼羞成怒，大声斥责我，为什么私自借钱买糖吃。

吵闹声引来了很多人，有大人，还有我熟悉的小伙伴，他们都在看被妈妈训斥的我。我窘得要死，无地自容，躲在一边大哭，完全没有了小女孩文静的形象。

这个经历让我发现，很多人，特别是出身于贫困家庭的孩子，小时候都有过这样不堪回首的经历。人在成长的过程中，总会有一些微小但很关键的细节影响他的一生。父母给孩子的钱过于吝啬，孩子会丧失尊严和自主性。其他孩子有漂亮的衣服，他没有，除了受到小朋友的嘲笑外，他的内心可能也会因此蒙上阴影。小伙伴给他糖吃，他没有钱买东西回馈，也可能会不好意思，自感受到了羞辱。这种情形发生得多了，还可能

导致孩子产生不健康的物质观、金钱观。长大后会斤斤计较，特别小气，做事不够大气，对钱比较贪婪。这种性格缺陷的背后，是恐惧。恐惧生活的压力，恐惧别人的嘲笑，总之，是一种由物质短缺而导致的生存恐惧。即使长大后有了物质丰厚的生活，这种无形的恐惧还会萦绕在他心中。

孩子还不是直接生产者，不能直接创造剩余价值，在生活中应是按照父母的安排消费，离金钱也较远。但很多时候，是父母早早地把孩子推到了金钱面前。一味地让孩子享受金钱，或者故意让孩子远离金钱，都是不对的。我们不能娇惯孩子坐享其成，不知道挣钱的辛苦，也不能把金钱看得太重，让他觉得爸爸妈妈看重的是金钱，而不是他的成长。

在对真爱和峻康的教育上，我也特别在乎这一点，不让他们在物质上产生自卑感。尽量满足他们合理的物质要求，给他们安排一定的零花钱。拥有了一定的零花钱，他们有适当的符合年龄的购买能力，就不会对金钱有过分的渴望。

钱来得太容易，来得太多，也会对孩子产生误导，让孩子迷失在物欲之中。在此，我建议爸爸妈妈们，要管好孩子的零花钱。比如，将他的压岁钱、存钱罐里的钱存到银行里，你替他管理户头，让他安排钱款的使用。什么时候买玩具、买什么价位的，要和他商量，启发他管理好自己的"小银行"。当他因为没有控制好而浪费了钱的时候也不要着急，等到下一次他想买玩具而钱款不够了的时候，他会知道自己之前的"决策"

有失误，下次就会学着更合理地安排消费支出。这对抵制外界的诱惑，形成良好的购买习惯，也有很大的帮助。更关键的是，物质欲求得到正常满足，孩子能平静地看待各种诱惑，不会自私、贪占。这是一种良好的行为修养。

第八章

孩子自恋怎么办

　　父母的稳定照顾是孩子建立基本安全感的前提，也是他心理成熟的必要前提。孩子如果在婴幼儿期失去了和父母的亲密互动，产生"分离焦虑"，会把这种能量转化到自己身上，形成病态的自恋。

　　好父母绝不是为孩子牺牲一切的父母，不会为孩子失去自我，反而会借助孩子完善自我。好父母应该将孩子当做一个和大人一样的独立个体给予尊重。

不可使他认识自己

河神刻菲索斯娶了水泽神女利里俄珀为妻，后来生了个儿子叫纳喀索斯。儿子出生以后，他们去求神示，想要知道这孩子将来的命运如何。神示说："不可使他认识自己。"刻菲索斯和利里俄珀听出了其中的意思，对儿子的将来忧心忡忡。

刻菲索斯和利里俄珀记住了那句神示，一直不让他看见自己的影子，所以纳喀索斯并不知道自己长的什么模样。纳喀索斯长大了，成为一个十分俊美的少年。他常常背着弓箭，手持弯弓，从早到晚在树林里打猎。树林中有许多神女，她们都痴迷于俊美的纳喀索斯。其中有一个神女名叫厄科，一见纳喀索斯就爱上了他。

厄科长得美貌如花，她喜欢高山流水，绿树红花，终日流连于山林之间。但她有一个毛病，就是特别爱说话，不论谁在讲话，她都要掺和进去。有一次，天神宙斯来到树林里同神女们游玩，被神后赫拉发现了，便到树林里来寻找。厄科唯恐赫拉找到，便故意缠住赫拉唠叨个没完没了，这样，神女们赢得了时间，一个个从宙斯身边跑掉了。赫拉得知实情后怒不可遏，便对厄科说道："你的舌头欺骗了我，你将永远失去讲话的权利！我只给你留下一种本领：听到别人说话之后，你只能不断重复这些话的最后几个字。"从此，厄科纵然有千言万语也只能张口结舌，一句完整的话也说不出来了。

有一次，纳喀索斯在森林里打猎，和伙伴走散了，他高声喊道："有谁在这里？"

厄科应声道："在这里！"

纳喀索斯四下张望，喊道："你过来！"

厄科又应声道："过来！"

纳喀索斯回头望望，不见人影，便大声说道："你为什么躲避我？"

厄科又应道："躲避我？"

纳喀索斯一定要见见这个同他说话的人，便说道："让我们在这里相会吧！"

厄科乐得心花怒放，她回应说："相会吧！"一面从林子里匆匆跑出来，一看见纳喀索斯，便伸出双臂去拥抱他。

见到厄科，纳喀索斯大吃一惊，一面连连后退，一面高呼："放开手！我如果接受你，还不如早死的好！"

厄科又应到："不如早死的好！"说完，便逃入了树林中。从此以后，她陷入了忧郁之中，整天藏在山洞里，谁也不见。

纳喀索斯不仅对厄科冷漠无情，对所有的神女都很冷淡。他拒绝了所有向他求爱的神女。于是神女们向众神祈祷说："但愿他有朝一日爱上一个人，却永远也得不到她的爱！"

命运女神涅墨西斯听见了这个祷告，便答应了她们。

有一天，纳喀索斯又到林中打猎，他发现了一片清澈的湖水。纳喀索斯又热又渴，便来到湖边，低下身去准备喝水。突然，他看到水中有一个美丽的人影：她是那么美丽，一双明亮的眼睛，有如太阳神阿波罗那样的卷发，红润的双颊，象牙似的颈项，微微开启的朱唇，妩媚的面容，如出水的芙蓉一般。

他想这一定是水中的神女，他惊喜万分，就在这一瞬间爱上了"她"，迫不及待地伸手去拥抱她。

但他的手一触到水面，她就躲起来了。他去吻她的朱唇，嘴一接触水面，水面便化作一片涟漪，她就不见了。

纳喀索斯又急又喜，就这样在湖边流连，频频望着湖中的"神女"，不觉得累，也不觉得饿。每时每刻，他都想拥抱这个"神女"，但只要他一碰到湖水，她便消失得无影无踪。他只得站在湖边，望着湖水，过了一天又一天。不吃不喝，痛苦异常。

他已经越陷越深，不能自拔。已经记不得过了多少年，他终于心力交瘁，面颊上的红润消退了。他的青春活力枯竭了，轻轻地倒在地上，头枕着岸边的嫩草，永远地睡着了……

了解自恋症

上文讲的是一个被人们熟知的希腊神话。纳喀索斯痴迷自己的影子，疯狂地爱上了自己，他也因此成了"自恋"的代名词。纳喀索斯症后来也就成了自恋症的专用名称。

心理学家认为，自恋是人类的一般本质，每个人本质上都是自恋的。也有人说，自恋的实质是对生命的珍惜。一般意义的自恋并不是一种病，只有当自恋发展成为自恋癖、自恋狂，才成为病症，即纳喀索斯症。

自恋就是爱自己，对别人的批评十分抵触，常常表现为愤怒、羞愧或感到耻辱；总是喜欢指使他人，要他人为自己服务；过分自高自大，希望受到特别关注。自恋的具体特征主要可以概括为两个方面：自我关注和自我标准。

自我关注又包括两层含义：

一，对自己过度关注，并且对自己的一切持肯定赞赏态度。这类孩子不仅关注自己外在的容貌体态，还过度关注自己的情绪和各种能力。在他们看来，自己的一切都是完美的，即使一些在别人眼里是负面和消极的特征，他们也认为是一种独特的美。很多女孩都爱照镜子，她们会在镜子前花很长时间化妆或是摆弄自己的头发，也会随身携带小镜子随时查看妆容，但这些都不是自恋，是一种正常而必需的关注，是对自己仪表的重视。而有些孩子，特别是男孩子，会花一两个小时坐在镜子前，什么都不做，就是端详自己的脸蛋，不时流露出沉醉的神色，或是对自己微笑，或是挤眉弄眼，对外面的世界和时光的流逝早已浑然不觉。这就是对自我的过度关注，是一种自恋的表现。

二，要求别人关注自己。这类孩子会将别人的关注作为自己行动的唯一理由，非常在意自我受到的外在评价。并且只能接受好的评价，对别人的质疑和异议会不予理睬，甚至对提出异议的人产生敌意。当他们感到自己受到冷落或所受到的关注低于他们的预期时，就会感到不快、嫉妒，大吵大闹地发脾气。有些孩子和别人玩得好好的，会突然大发"无名火"，起因往往是觉得伙伴们忽略了他，没有时刻将他放在第一位。

再来看看自恋的另一个特征：自我标准。自我标准即指用自己认定的固定不变的标准来要求周围的人和事。自恋的孩子要求整个世界都按照自己的想法转，有任何人或事不符合自己的既定标准就会发起攻击，试图改变。因此有这种特征的孩子常常给人狭隘而自大的感觉，由于症状的模糊性，往往使人误以为他是"脾气"或"品行"有问题。

爱 的 断 裂

艺恩的爸爸妈妈一直感情不好，在艺恩出生 6 个月后，妈妈就因为爸爸的家庭暴力独自跑回娘家，留下艺恩不管不顾。艺恩也从那时起被迫断奶。后来在家人的规劝下，妈妈回家了，但和爸爸依然经常争吵。夫妻感情的失和使得家庭关系淡漠，谁都没将注意力集中在艺恩身上。

艺恩 5 岁时父母离婚了。艺恩从此与妈妈生活在一起，妈妈是一个沉默寡言、性情淡漠的人，独自支撑着家庭生活的她非常繁忙，母女俩在一起的时间少得可怜。即使在一起，妈妈也不太过问艺恩的事情。而妈妈严肃、冷漠的神情总让艺恩觉得害怕。妈妈在她的心中是高不可攀的，她们之间的距离好像很遥远，让艺恩想亲近却又无法鼓起勇气。

有一次，妈妈终于有时间带艺恩一起外出。妈妈独自走在前面，艺恩从后面蹦蹦跳跳走上前去，不由自主地去牵妈妈的手，谁料妈妈却缩开了手，不带任何感情色彩地说："好好走

路。"艺恩愣在原地，眼泪一下子就涌了出来，站在大街上的她感到非常无助，但却不敢放声大哭，她只是死死咬着嘴唇，忍着眼泪，默默记下了这种疼痛。艺恩根本回忆不起妈妈亲昵地抱过她、亲过她，甚至连摸摸她的头都不曾有过。艺恩很希望和妈妈在一起，像其他小孩一样向妈妈撒撒娇、说说心里话。但妈妈始终那样冷落她，总是说自己很忙，没太多时间照顾她。

随着年龄的不断增长，艺恩越来越内向、害羞；她过多地关注自我，以自我为中心，总是一副目中无人的神情；她缺乏同情心，对身边的人十分冷漠。而对别人对她的评价也是过分敏感，渴望得到持久的关注和赞美，嫉妒心很强。每当听到别人夸奖自己，艺恩就会得意洋洋，沾沾自喜；若听到批评之言，便会暴跳如雷，耿耿于怀。在家里，她经常为了一点小事就和妈妈发脾气，母女之间的关系更加冷淡。在和同学相处时，她很少能站在他人的立场思考问题，从不理会别人的心情和感受。由于嫉妒心强，心胸狭隘，艺恩和同学之间的关系很紧张，几乎没有朋友，孤独感常常油然而生。加上她对自己的期望过高，常常遭受挫折和打击，都令自己苦闷不堪。

自恋症是一种扎根极深的病症，其成因需要追溯到患者的婴幼儿时期。婴幼儿时期所受到的照顾对于孩子的人格发展有着非常大的影响，而孩子生命初期最重要的人物——父母，对孩子的影响更是无须赘言。一个一岁左右的孩子会对镜子产生浓厚的兴趣，他通过照镜子来确认自己的形象。通过这一行为逐渐把自己和这个世界区分开来。婴儿的自我边界感的确立，是一个逐渐发生的过程，也是一个自然发生的过程，这个过程通常会在18个月至两岁前结束。所以，爸爸妈妈们会常常看到，正常情况下，两岁以后的孩子对陌生人的恐惧感很弱，他们完全可以在和父母分离的状态下和其他的小朋友自由玩耍。

这是一个自然的成长过程，但是，很多孩子恰恰在这个节骨眼儿上发生了问题。哪些因素会干扰这个自然过程的开始和结束呢？

答案是：创伤。

心理创伤是一个人的心理年龄停留在过去某一时刻的重要原因。孩子在婴幼儿时期如果经受某种心理创伤，他的性格会或多或少地存在缺陷。由于妈妈在养育婴幼儿子女的过程中扮演了主要角色，因此，妈妈对孩子的影响是非常大的。母亲和子女之间的关爱欠缺或母子情感断裂，会给孩子造成很大的影响。比如：孩子未满一岁，妈妈由于工作压力或性格原因疏于对孩子的抚养，交由保姆照顾或送到孩子的奶奶、姥姥那里养育；婴儿哺乳期，妈妈没有对孩子进行母乳喂养，也不知道或不习惯和孩子亲近，孩子与妈妈缺乏亲密接触与情感交流；孩子不足一岁就与妈妈分床睡，有的妈妈干脆生下孩子就放在摇篮里养，孩子与妈妈之间缺乏充分的接触；妈妈尽管亲自养育孩子，但总是不耐烦，惩罚、拒绝、排斥孩子的各种生理与心理需要。诸如此类，会导致孩子存在"关注饥渴"，从而形成自恋。

很显然，艺恩的一些行为有明显的自恋倾向。从她的事例

中可以发现，这显然是因为缺乏父母的疼爱和关注。尤其是和她生活在一起的妈妈，未曾给予她应有的关怀。妈妈曾在艺恩6个月的时候就抛下她，被迫与她分离了一段时间，看来，这段分离就是艺恩自恋的根基。她对妈妈的那种渴望也应该是从那时就产生了。而后艺恩一直生活在父母的争吵当中，缺乏温情和关注。后来父母离婚了，艺恩更是感到自己没人关怀。"牵手事件"更是伤透了她的心。对外界触碰受到的打击使她转向一种封闭式的自我关注，从而慢慢形成了上述的种种自恋特征。

独立个体感觉的停滞

精神分析心理学家弗洛姆则将自恋视为一种广泛的社会心理现象，他认为，对自恋者来说，唯一完全真实的东西是他们自己，是情感、思想、抱负、愿望，是他们所有的一切或属于他们的一切……凡与他们有关的一切，都光彩焕发，实实在在。身外的人与物都是灰色的、丑陋的、黯淡无光，近乎虚无。任何形式的自恋都存在着一个共性，即对外在世界缺乏真正的兴趣。在这种心态支配之下，很容易将自我当做整个世界的中心，将个人生存视为唯一目的，从而形成强烈的自恋倾向。

孩子的这种自恋心态，与父母的日常所为有联系吗？答案是肯定的。不断累积的父母之爱会支撑孩子的一生，可是如果太溺爱，就会使孩子产生这样的信念：整个世界都必须在我的脚下。家人的过度宠爱是有害无利的，往往造成孩子对他人傲慢无礼的态度。他们觉得自己是父母眼中最漂亮、最棒的，因此在别人眼中也应该如此。失去高高在上的地位就意味着失去父母的认可，随后失去社会的认可。

心理学家弗洛伊德在自恋症的问题上曾提出了两个概念："原发自恋"和"继发自恋"。

在生命之初，婴儿把自己当做世界的中心，对他来说，外部世界就是自己的延伸，他确信自己的想法能够主宰外部世界。他觉得母亲也是自己身体的一部分——看到母亲毫不延迟地跑来满足自己的需要，他会觉得自己对母亲有无限的控制力，就像自己能自如地控制手和脚一样。这就是"原发自恋"。在这一阶段，婴儿只爱自己。

随着婴儿长大，爸爸妈妈不再像以前那样迅速地回应他的需要，这让他逐渐意识到：爸爸妈妈是一个独立的个体，在他之外存在着一个自己不能左右的现实世界。这一发现让孩子建立起"现实原则"，让他能够按照外部现实采取行动，也能够从外部选择自己喜欢的对象。因而在这个时期，孩子开始依恋他人或依恋物品等。他的心理能量开始发生方向性转移，从自我转向外部世界，并逐渐被分为两部分：一部分用来继续爱自己，另一部分用来爱他人。而弗洛伊德提出的"继发自恋"，即是指婴儿在发现外部现实之后，将朝向外部的爱折返回自我，将本该用于爱他人的力用在了自己身上。

从"原发自恋"阶段到"继发自恋"阶段中间的转折期是非常重要的，在这一时期，家长要逐渐取消对孩子的关注，并且对孩子控制父母、依赖父母的各种行为不做出反应，不予满足，从而促进孩子独立个体感觉的形成。这在心理学上被称为"响应性失效"。这种"响应性失效"行为是适度的、善意的、非创伤的。此阶段，如果父母仍然对孩子百依百顺，对孩子的种种需求积极响应，会使孩子继续处于一种"原发自恋"的状态，不利于孩子独立个体感觉的形成。

子女多的家庭需要众多家规，每个孩子都必须学会处理小孩儿之间、与大人之间的关系，虽然彼此之间会吵吵闹闹，但也为手足之情奠定了感情基础。这是独生子女不能体会的，他们没有机会学习如何与人相处，所以习惯以自我为中心。加之年幼的时候缺少与外界的互动，他会慢慢将对别人的关注转移到自己身上，容易形成一种孤芳自赏的自恋型性格特征。

这样的情况很多，家长们经常做又常常忽视：孩子一哭，就把他抱在怀里，以至于孩子不能够独自躺在摇篮里，容不得和你哪怕一刻的分离；孩子有什么需要，你会马上做出反应，孩子饿了要吃奶，不给孩子任何"等待"时间，立即给予满足，以至于孩子每天要不断喂奶七八次以上；母乳喂养超过一岁半仍不断奶，有些孩子可能吃母乳到3岁；孩子一岁左右开始学步，你怕孩子摔跤跌伤，不让孩子独自走路，看到孩子爬得太高就惊慌失措，直接终止孩子的各种"冒险"尝试；孩子已经满一岁了，你还是不放心，注意力一刻不离开孩子，常常为孩子哪怕一丁点的身体不适而焦虑万分。这些看似是对孩子的呵护，其实在一定程度上阻碍了孩子独立个体感觉的形成。

别让孩子有分离焦虑

自恋型人格障碍是心理学领域里一个比较棘手的问题，其形成原因往往根植于一个人的婴幼儿时期，要预防孩子产生这种心理障碍，就要在这一时期给予孩子足够而正确的照料和指引。

家是人生的驿站、心灵的港湾，是孩子成才的沃土，对于尚未成年的孩子来说，家更是安全的代名词，是健康心理人格的发展之端。父母忙碌、家庭关系不和睦、经常性的搬迁等，这些都会让孩子生活的世界不稳定，导致他缺乏安全感，从而失去对家的依恋。同时，这些因素通常也会影响到家长对孩子的有规律地、稳定地、细致地关注。因而孩子会在这样的环境中形成一种自卑补偿式自恋。孩子如果远离父母，年龄越小伤害越大，终身缺乏安全感和幸福感。

为了避免这种状况出现，家长们要尽量给孩子提供一个稳定的生活环境，在孩子小的时候，特别是 6 岁之前经常陪伴他。工作实在繁忙，起码要确保孩子的一日三餐按时就餐；再大的冲突也不要当着孩子的面争吵甚至大打出手；也不要带着孩子四处漂泊，这样会让孩子心无所系，也交不了固定的好朋友。

孩子从出生起就自然地走向独立，这是每个生命固有的渴望和能力。而稳固的依恋关系和安全感是独立的保障。很多父母的育儿观念其实是很先进的，但借培养独立性之名，孩子哭

的时候不抱，不哭才抱，批评孩子认生，强迫孩子和人玩，孩子很小就全托寄宿等行为，也于事无补，只会让孩子更没有安全感。很多父母由于工作繁忙，作息不正常，只得将孩子寄养在自己的父母家。这种寄养或交由多人照料的情况，会让孩子，特别是婴幼儿，产生和父母的"分离焦虑"。父母的稳定照顾是孩子建立基本安全感的前提，也是他心理成熟的必要前提。孩子如果在婴幼儿期失去了和父母的亲密互动，产生"分离焦虑"，会把这种能量转化到自己身上，形成病态的自恋。为避免这种情况发生，爸爸妈妈们应尽量亲自照顾孩子。实在无法做到，也要定期去看望孩子，打电话给孩子，记住和孩子的每一个约定，不能失约。看望孩子时，要耐心地和孩子交流，倾听孩子的心事和想法，不能只是给予一些物质需要就匆匆离去。很多时候，孩子缺失的是一种感情的呵护与陪伴，而非物质。

他是一个独立个体，请给予尊重

在婴幼儿阶段，父母会倾向于把孩子当成自己的一部分，总是在孩子身上看到自己幼年的影子。这个现象通常发生在同性别亲子关系当中，也就是"母女关系"或"父子关系"当中。"恋父情结""恋母情结"的孩子多是受这种家庭氛围的影响。一般情况下，养育孩子的责任通常由母亲承担，所以，在自恋型依附关系中，最常见的是"母——女"模式，然后是"母——子"模式。

　　妈妈们，如果你仍然持有这样一种观念：孩子是我身上掉下来的一块肉，他是我今后唯一的希望和依靠。那么，我希望你能尽快将这种的想法抛在脑后，将孩子当做一个和大人一样的独立个体给予尊重。父母的经验只是父母的，而孩子又是一个新的生命，一个完整的世界。我们只需记住，在孩子人生的初期，我们给他的应该是最简单的东西：尊重、关怀、包容、鼓励，然后让他用这些能量来创造自己的人生。从两三岁起，孩子的自我意识就开始萌芽，随着年龄的增长，这种自我意识会愈发强烈。当他提出自己的看法和要求时，不要认为是他不听你的话，跟你对着干，而粗暴地反对他。要首先肯定孩子的独立性，然后鼓励他积极探索，自己去寻找答案。你越早地把他看做一个独立个体，他就能越早地走出自我的圈子，长成独立的人。

　　反复强调的教育原则依然是：让孩子多多与人交往。与外界的互动，特别是与同龄人的互动对孩子建立"现实原则"非常重要。通过与外界的接触，孩子会了解到自己并非世界的中心，还有一个现实世界是不受自己的想法控制的，并逐渐形成独立个体感觉。在与同龄伙伴的交往中，通过共同的游戏和共同的活动也能逐渐学会如何表达自己的愿望，如何彼此友好相处。这个过程，也是孩子走出自我的小圈子，接触他人、集体，逐渐懂得无私、利他和奉献的过程。

　　我们要尽量鼓励孩子与同龄人接触，自信大方地与人交朋友。在与外界的接触中，体会真善美，学会去爱别人。要让他渐渐懂得，为人，当自爱、自珍、自惜、自信，这是不可缺少的品质。但不能极端化，走向自持、自矜、自负、自大，最后发展成自恋癖、自恋症。自爱，但不唯我独尊。自惜，却不孤芳自赏。自信，但不妄自尊大。

托马斯·戈登是美国著名的心理学家，在人际关系研究上有着突出成绩，在此，与所有的父母们分享他的人际交往信条。这些信条，同样适用于您和孩子之间的相处。

你和我建立了一种关系，我珍视这种关系并希望它能够持久。然而你和我都是独立的个体，有着自己独特的需求和满足这些需求的权利。当你试着满足你的需求却遇到问题时，我会真诚地接受你的行为。

当你和我分享你的问题时，我会用接受的态度倾听，并用我的理解来帮助你寻找你自己的解决方案，而不是让你依赖我的解决方案。当我的行为干扰了你满足自己的需求，而为你带来问题时，我鼓励你坦诚地告诉我你的感受。在这些时候，我会倾听你的感受，然后试着改变我的行为，如果我可以做到的话。

然而，当你的行为干扰了我满足自己的需求，从而导致我对你感到无法接受时，我会与你分享我的问题，并坦诚地告诉你我的真实感受，相信你会尊重我的需求，会倾听我的感受，然后试着改变你的行为。

当我们两个人都无法改变我们的行为以满足对方的需求，

并发现我们的关系中发生了需求冲突时，让我们自己来解决每个冲突，不使用任何一方的权力，以对方失败为代价来换取自己的胜利。我尊重你的需求，但是我也必须尊重我自己的需求。因此，让我们用不懈努力来为我们不可避免的冲突寻找双方都能接受的解决方案。这样一来，你的需求将得到满足，而我的需求也会得到满足——这是双赢的，没有人输，我们都会赢。

这样，你可以通过满足你的需求来获得发展，我也同样可以。我们将永远保持一种健康的关系，因为它能让我们都感到满意。我们每个人都可以发挥我们的潜能，可以将相互尊重和爱作为对方的纽带，友好而和平地相处。

第九章

孩子偏执怎么办

　　孩子的成长，就是那么猝不及防。今天的种种问题，不过就是数年后淡然一笑的温馨回忆。当我们把眼光放远，就不会纠结于眼前种种所谓的问题，要知道，这些问题，几乎所有的孩子，包括小时候的我们自己都曾遇到过。

　　孩子走入思想偏激的死胡同，是成长所必须踏过的弯路。只有经历这些事情，他们才能不断成长。等这些偏执的孩子长大，他们会明白，就算这个世界有种种不是，仍然有很多美好的东西值得珍惜，如果仅仅囿于愤世的囚笼，就无法享受生活的乐趣。

孩子开始质疑你的智慧

有一次，峻康和邻居家小姐姐在一起玩耍时看到一条较为肥大的蚯蚓，就大叫着说："有蛇！"

我跑出来看到后，松了一口气对他说："不用怕，这不是蛇，这是一条胖蚯蚓！"

"这不是蛇。"小姐姐也说。

"它就是蛇！"

"这是蚯蚓，跟下雨时你见到的那些瘦一点小一点的是一样的，不是蛇！"我又说。

但不管我怎么说，峻康仍然坚持着。最后，我有些恼怒了，大声说："你在电视上没见过蛇吗？明明知道这不是，为什么硬要说是！我再问你一遍，这是什么？"

"就是蛇！就是蛇！"峻康大叫道。

峻康可能起初真的分不清这是蚯蚓还是蛇，但是在经过我和小姐姐的引导后，再加上自己日常的知识积累，脑中应该有了一个清楚的区分。但即使真相大白也仍然坚持自己的观点，就有些钻牛角尖了。

在现代社会，有一种性格特征在人群中的比例越来越大，那就是偏执。且这种性格特征在青春期的孩子身上表现得尤为明显，一些症状严重的孩子甚至逐渐发展成为偏执型人格障碍。

现代社会飞速发展，在生活节奏过快的地区，很多人感受到了极大的生活压力，害怕不能跟上社会变化的步伐。随着社会的发展，竞争也愈加激烈。人们的工作和学习负担空前加重。大人和孩子们长期被高强度的工作学习压力所困，处于高度紧张的状态下，且常常得不到及时的调适，久而久之便会产生焦虑不安、精神抑郁等症状。所有的这些变化使很多现代人对生活感到焦虑、惶惑、厌烦，渐渐积压成为一种恐惧。而心理学家认为，偏执的起因恰恰是源于人们内心对外部世界的深度恐惧。这也就不难解释为什么如今越来越多的人显得偏执了。

很多人以为所谓偏执就是偏激和固执，只有具备这两种表现才称得上偏执，其实这是一种误解。偏执的表现有很多种。

固执己见、刚愎自用是偏执性格的典型特征。这种固执并非如同正常人对自己观点的坚持，偏执的孩子会对自己所有的观点（包括不正确的）持坚决的肯定态度。他们不听别人劝告，爱钻牛角尖，认死理。

孩子到了一定年龄就开始展现自我的价值，他们要证明自己比爸爸妈妈还要聪明。他们质疑父母的智慧，一意孤行地寻找一条显露自己个性的道路。这特别体现在孩子与母亲的关系上，男孩觉得自己长大了，不想被一个女人管着，就算被迫听从妈妈的话，他们也不会真心实行。他们好似完全忘记了小时候对妈妈的依赖，认为妈妈现在真是不可理喻，剥夺了他们的快乐。

偏执的孩子多疑，过分敏感。多疑是一种广泛的猜疑，即使在没有根据的情况下对别人的任何举动，甚至是好意的帮助也会产生怀疑，害怕被别人利用或伤害，过分警惕和防卫。比如，疑心重的孩子看到几个小孩儿凑在一起，就过于敏感地认为别人在说自己的坏话，于是对那些伙伴产生敌对心理。

妄想是偏执性格的最显著特征，常见的是关于被害、爱、恨、嫉妒和超自然力的妄想。很多孩子在意识清楚的情况下会陷入一种幻想状态，出现强制性思维或释义妄想，甚至会出现被控制感，严重的还会出现幻听。有些孩子看到蜘蛛就认为家里要有大难降临，不知所措，这就是一种释义妄想。

而有些孩子会觉得自己被外星人或鬼魂控制，失去了自主性，大脑会不由自主地想一些莫名其妙的问题，想停止却停止不了。我的一位朋友就曾经十分痛苦地告诉我，她脑子里总是在想一首歌，而且是一首她不喜欢的歌，她的意识不停地在唱，还有歌词显示，她很厌烦，却摆脱不了，因为"意识已经不受我控制了"。这就是一种被控制感和强制性思维的体验。还有些孩子会出现持续性的幻听，听到别人评论自己，就有一种被揭露的感觉而惶恐不已。

偏执的孩子思想比较容易走极端，喜欢挑他人的"刺"，而且习惯于把自己的失败归咎于他人。即使面对别人的指责，也拒不承认自己的错误。易与人发生冲突和争执，冲动易怒。报复心理强，对于别人的嘲弄、羞辱和批评耿耿于怀。他们和别人发生一些小口角后就会一直在脑中回想，然后想象自己刚刚应该如何反击，将对方驳得体无完肤，并设计下次如何报复对方。对方早

已忘记发生的冲突了，他们却久久不能平静。这种狭隘源于过分的自尊，这种自尊又是来自于内心深层次的自卑。

小孩子心智不成熟，遇到不合意的事情，会自卑、任性、发怒、自暴自弃，甚至产生报复心理。这种极端情绪如果不能及时排解，都会使孩子深受其害，无法自拔。长期处于偏执的情绪之下，成长、学习、融入社会，都将无从谈起。

抱怨是一种过敏源

瑞妍的妈妈常常对周围的人和事物感到不满，而且总是焦躁易怒。邻居家的狗叫两声，她会恨恨地骂："死狗！叫什么叫！烦死了！这些人真是无聊，自己都养不活了还养狗！"邻居家炒菜的油烟飘过他家的窗前，瑞妍的妈妈会立刻跳起来，一边关窗一边抱怨："烦死了！一天到晚炒菜，窗户都没法开！"遇上连续的阴雨天，简直就没法活了，她会不停地咒骂老天，抱怨家里到处湿乎乎的，没法洗衣服，使得原本就压抑湿闷的气氛变得更加令人烦躁。

不仅如此，有洁癖的妈妈对瑞妍的一举一动更是抱怨个没完。瑞妍洗脸时溅了水在洗脸池外，妈妈看到就会大声骂道："你怎么洗脸的？弄得到处都是水！自己也不知道把它擦干净！怎么会有你这么邋遢的孩子！"有时瑞妍穿着拖鞋刚刚迈进自己的房间，就听到那边的妈妈大叫："我刚擦干净的地板！自己不会用眼看看啊！快点出来！没办法跟你们这些人在一起过日子了！"

在妈妈没完没了的抱怨声中，邻居们不敢迈进瑞妍家的大门，连亲戚们也不愿上门作客了。后来瑞妍进入大学，住进集体宿舍，越来越发现自己不对劲。她开始看谁都不顺眼，变得和妈妈一样，对别人的任何举动都持质疑和否定态度。看到别人的被子没叠，她会不高兴；看到别人不清理自己的垃圾，她会很气愤。她甚至不允许同学将宿舍里的窗帘拉上；还要求别人和她用一样的洗发水，理由是她不能忍受别人洗发水的不同香味。在她态度强硬的指手画脚之下，室友们只得默然接受她的"改造"。但她还是常常在背后向其他同学抱怨宿舍里的种种，很多同学对她的抱怨不耐烦了，反问她："是不是你自己太苛刻了呢？"她立刻暴跳如雷，从此不再理这些同学了。

同学们认为瑞妍太以自我为中心，心胸狭隘，整天只知道抱怨，从不知道反省自己，还不听别人劝说，都不愿与瑞妍接近了。瑞妍因此很痛苦，却不知道该如何控制自己那颗挑剔的心和那张不知休止的嘴。

孩子一来到这个世界，对你来说就是一个挑战。你需要关注他，面对他身上不断出现的问题。这个世界向幼小的他发起挑战，而他，又是你的挑战。成长过程中不断出现的问题、麻烦、难题，都需要你不断思考、应对。但切记，真正的好父母是不会把太多心思花在教育孩子上的。你给孩子的影响、熏陶、教育，是你的品行、为人的投射。你最该思考的是做好自我管理，而不是处心积虑"对付"问题多多的小孩儿，你是一个好爸爸或好妈妈，孩子对你尊重和信赖，就会追随和模仿，教育也就

是自然而然的事了。所以我说，父母做最好的自己，就是给孩子最好的教育。

很多家长脾气暴躁，经常当着孩子的面和家人争吵，互相指责对方，这样的家庭环境会让孩子变得焦虑、暴躁和过分敏感。还有一些家长自身思想偏激，常常抱怨生活中的种种不如意、社会的黑暗，也会无意识地引导孩子走上偏执的道路。

孩子性格偏执与孩子自身的气质相关。胆汁质的孩子自尊心、好胜心强烈，当需要得不到满足或受到他人的压制时，就会沉不住气，不能控制自己的情绪，出现攻击性行为，并且不肯承认错误，从而易形成偏执心理。

但孩子偏执性格形成的主要原因还在于后天因素，这和孩子在成长过程中受到的引导和教育有关，也和孩子的成长环境有关。如果家长待人苛刻，心胸狭隘，经常性地抱怨他人和周围的环境，处处鸡蛋里面挑骨头，那么孩子长期耳濡目染，也会和家长一样爱挑刺，爱抱怨，变得自负偏执。很显然，瑞妍是受到了妈妈的影响。一直生活在妈妈的抱怨声中，瑞妍所听所感都是别人的缺点，因而看不到别人的优点，造成认知的狭隘、不客观。因此在与他人相处时，不能接受他人的一些习惯和行为，认为他人的做法都有问题，总是以自己的标准去衡量和要求别人。如果他人的行为和外在的环境达不到她的标准，她就会产生抱怨，而且是没完没了的、自己控制不了的抱怨。妈妈平日对瑞妍的挑剔和大声训斥也令瑞妍长期处在一种压抑而紧张的氛围下，她害怕自己做得不好，引来妈妈抱怨，这种恐惧促使她将自己武装得很强大、很自负，因此无论什么都先去挑别人的刺，以显示自己的做法永远是正确的。这种偏执不仅让别人对她产生厌恶，也令她自己痛苦不堪。

孩子，你的心犹如照亮群山的晨曦

我认识一位孩子的父亲，不论孩子学什么，做什么，他都习惯用"激将法"教育孩子（但在别人听来，是在讽刺打击孩子）。孩子在学校的运动会上获奖了，他会说："又不是考试考了第一，有什么用！"考试考不好的时候，那情形就更可想而知了。"你看邻居家的哥哥，样样都比你厉害！"诸如此类，让孩子无力招架。

很多家长缺乏一种从一件小事中体察快乐的品质，对孩子也是吹毛求疵，喜欢批评、否定和消极暗示，还自称这是"激将法"。殊不知，正是这种负面的"激励"，让孩子无法静心。在此，我想和父母们分享美国的一位父亲——李文斯登·劳奈德的一篇文章：《不体贴的父亲》。愿你们看完之后，能有所顿悟。

我的儿子：在你睡着的时候我要说一些话。你躺在床上，小手掌枕在你面颊之下，金黄色的卷发湿湿地粘在前额上。几分钟之前我在书房里看报纸的时候，一阵懊悔的浪潮淹没了我，使我喘不过气来。带着愧疚的心，我来到你的床边。

我想到了很多事，我的宝贝：我对你太凶了。在你穿衣服上学的时候我责骂你，因为你只用毛巾在脸上抹了一下。你没有擦干净你的鞋子我又对你大发脾气。你把你的东西丢在地板上我又对你大声怒吼。吃早饭的时候，我又觉得你犯错了。你把东西泼在桌子上，吃饭狼吞虎咽。你把手肘放在桌子上。你在面包上涂的奶油太厚。在你出去玩而我去赶火车的时候，你转身来向我挥手，大声地说："再见，爸爸！"而我则蹙起眉头对你说："挺起胸来！"

晚上，一切又重新开始。我在路上就看到你跪在地上玩弹珠。你的长袜子上破了好几个洞，我当着你的小伙伴的面押着你回家，使你受到羞辱。袜子是要花钱买的——如果你自己花钱买就会多注意一点了！我的宝贝，爸爸我居然对你说了这种话！

你还记得吗？过了一会儿，我在书房看报，你怯怯地走了进来，一副委屈的样子。我从报纸上面看到了你的影子，对你的打扰感到很不耐烦。你在房间门口犹豫着，"你要干什么？"我凶凶地说。

你没有说话，但是突然跑过来，抱住我的脖子亲吻我，并且带着上帝为之感动而我的漠视也不能使之萎缩的爱，用你的小手臂又紧抱了我一下。然后你走开了，脚步快速地轻踏上楼去了。

我的宝贝，你离开了以后不久，报纸从我手中滑到了地板上，一阵强烈的恐惧涌上了我的心头。习惯真是害我不浅。吹毛求疵和申诉的习惯——这是我对你作为一名小男孩的报偿。我不是不爱你，而是对你期望太高了。我以成人的尺度来衡量你。而你的本性中却有着那么多真善美。你小小的心犹如照亮群山的晨曦——你跑进来并亲吻我的举动显示了这一切。今天晚上其他的一切都显得不重要了。我的儿子，我在黑暗中来到你的床边，俯身看着你，心里充满愧疚。

我知道，如果在你醒着的时候告诉你这一切，你也不会明白。但是从明天起，我要做一名真正的爸爸。我要做你的好朋友，你受苦难的时候我也受苦难，你欢笑的时候我也欢笑。我会把不耐烦的话忍住。我会像在一个典礼中一样不停庄严地说："他只是一个男孩——一个小男孩！"

没有挣扎就无法真正长大

《猜火车》是一部备受争议、褒贬不一的电影。电影讲述了苏格兰爱丁堡一群颓废青年人的生活现状。在这群堕落的青年人中，男孩马克显得更为放纵和混乱。他抛开一些约束，和他那帮朋友随心所欲地活着。他们对未来没有期待，一直颓废下去。他们懒得改变，活在垃圾般的底层中自得其乐。

当年，电影一经公映就引起了强烈的社会反响，除了批判这群年轻人思想偏激、愤世嫉俗之外，也有很多人对他们堕落的原因进行了深刻的探究：这群孩子难道仅仅是叛逆？那又为

何要叛逆？

有人说，在这群孩子放浪形骸的背后，是痛苦地挣扎和绝望地叫喊。他们不愿重复父母那样刻板的生活轨迹，但又找不到向往的道路。而这可能是每个孩子成长必经的心理过程，明明知道自己早晚会和芸芸众生一样陷入平凡琐碎的生活当中，却怎么也不愿相信这是真的，差别仅在于，很多孩子没有勇气像马克那样用青春做最后的反抗。

而令人欣慰的是，在电影的最后，愤世嫉俗的马克还是"改邪归正"了。有人说，这是一种妥协，马克的不同之处就在于，他还有一点是非观。那点是非观支持马克走上正轨，开始新的选择。这似乎是在向青年人传达一个"适者生存"的道理：就算你对这个社会有再多不满，你也不能正面与它较劲，而要懂得适应，看到世界美好的一面。

你不会越来越年轻，世界在变，音乐在变，你不能整天待在这里……重点是你得找到新东西，电影里的这段台词也许是给每个思想偏激的孩子以及困惑无奈的父母最好的启示。孩子走入思想偏激的死胡同，是成长所必须踏过的弯路。只有经历这些事情，他们才能不断成长。等这些偏执的孩子长大，他们会明白，就算这个世界有种种不是，仍然有很多美好的东西值得珍惜，如果仅仅囿于愤世的囚笼，就无法享受生活的乐趣。

孩子的成长，就是那么猝不及防。今天的种种问题，不过就是数年后淡然一笑的温馨回忆，或许还会成为爸爸妈妈的笑谈，而孩子成长的过程，却再也回不来了。所以，父母们，当我们把眼光放远，就不会纠结于眼前种种所谓的问题，要知道，这些问题，几乎所有的孩子，包括小时候的我们自己都曾遇到过。

发展真正的自信心

具有偏执性格的孩子思想极端，容易产生妄想，这与其头脑里的非理性观念有关。因此，要预防孩子变得偏执，我们首先必须注意分析孩子脑中的非理性观念。何为非理性观念呢？思想不成熟的孩子们经常会偏激地认为："所有的人都不能相信，我只能相信我自己。""谁背叛我，我就不会让他好过。""对别人的进攻，我必须立马给予强烈反击，要让他知道我比他更强。"这些就是片面的非理性的观念。它们长期盘踞在孩子的脑中，使孩子对外界的认识更加狭隘和失真，从而变得偏执。

对此，我建议，家长们平时要留意孩子的言行，从孩子的话语中分析和整理出孩子的非理性思想，并找适当的时间和孩子进行交流，指引孩子正确全面地看待世界，切不可妄图一下子扭转孩子的思维。等到孩子进入青春期，你会遇到前所未有的挑战，孩子脑子里的各种稀奇古怪、离经叛道的想法越来越多。男孩可能会觉得自己长大了，发誓要像骑士一样自由行走，远离学校。女孩可能会热衷于打扮、参加舞会，男孩子的电话一次次地打到家里来。她甚至晚上很晚才回家，让你担心得要命。我们不能阻

止他们成长的脚步，但也必须有我们的立场。即使孩子会生气地向你大喊："妈妈，你一点都不懂，我不再是小孩子了！"你还是要坚定地告诉她，出去玩可以，但晚上 8 点之前必须回家。如果她这样做的话，以后你会更放心她出门。否则，下次再遇到这样的情况，你可就不放行了。在这个较量过程中，你会让渐渐长大的他获得自由，但也有所约束。他知道你在爱护他，将会在日渐独立的过程中发展出真正的自尊心、自信心。

偏激并不是一种天生的性格，而是思想不成熟的表现。孩子由于生活经验少、知识面窄，看问题就容易"只见树木不见森林"，我们要帮助孩子拓宽兴趣范围，多方面接触生活，积累丰富的知识经验，掌握基本的生活知识和思维方法。对于日常生活中发生的一些事情，更要时刻注意引导孩子正确、客观、全面地看待。

培养好脾气的规则

经常听到家长们议论孩子性格的优劣，其实好的性格就是对正确的感情的绝对占有。换句话说，一个人性格中如果正确的感情和温和的脾性占据优势，我们就说这个孩子是个性子好的人。相反，如果错误的感情和坏脾气占优势，我们就说他性子差。偏执的孩子，很显然脾气有些坏。性格形成中难免出现个体差异的情况，不过通过有针对性的训练，还是有很大的空间完善孩子的性格。

　　说完前面，我想进一步说明几点培养孩子好脾气的规则。

　　注意克制坏脾气。脾气热过了头便非常危险，极易带来伤害；脾气冷过了头就会变得麻木不仁，像硬度不够的小刀。我们需要的是中间状态，既不可冷漠无情，又不可不知天高地厚。告诉孩子，如果他想做个快乐幸福的人，就要注意克制自己的脾气，动肝火的人不仅自己不能快乐，还会给别人带来不悦。如果希望有一副好脾气，就必须凡事控制自己的情绪，不要为一些鸡毛蒜皮的小事苦恼，也不要动不动就大发雷霆。另外，也不可任性而为，相反要尽可能养成温良的性格。绝不可因轻信他人的一面之词而搅乱了内心的平静。

　　不妒忌、艳羡他人。所谓妒忌，是怀疑他人对自己不友好，或者怀疑他人有意伤害自己；所谓艳羡，便是看不得别人成功，特别在他们有可能超过自己的时候。这两种情感反映到性格上可谓异曲同工。如果孩子妒忌某个人，他总是不忘找他行为上的"别有用心"，会在头脑中幻想出各种假设，如果任由其发展，将会导致他成为偏执狂。要使孩子轻松愉悦，就必须把这种邪恶的情绪扼杀在摇篮里。我们要让孩子懂得，成功、失败是每个人都会经历的，每个人也都有自己的长处和缺陷，大可不必为此嫉妒别人。

　　友好地对待每个人。总有些人习惯戴着有色眼镜看待别人，喜欢以挑剔或者暴露他人的失败为乐。他们变得消极厌世，性格乖戾，认为所有人都很讨厌。如果很早就养成这种性格而又不知悔改，他们最后会变得尖酸刻薄、喜怒无常。这种孩子从

不正面、积极地看待任何人。远离这种性格，就应该让孩子学会善意地对待每一个人，不要总是用挑剔的眼光评判他人。学会感受别人的痛苦，同情别人的处境，把关心别人的冷暖看成是自己的责任，慢慢培养起无私为公的精神。

养成温和的性格。温和与一切严肃、苛刻和粗俗的行为绝缘。温和的人浑身上下透着一种既平和又亲切和蔼的神态，温和的性格很大程度上影响着一个人情感的培养。我们要培养孩子温和的、非攻击性的性格，不苛刻、不粗俗，充满善意地面对世界，绝不恶意揣度他人。

给坏情绪找一个出口

峻康和力灿玩搭积木，可不知怎么了，一下午时间他都没胜过力灿。力灿洋洋得意，哈哈大笑，峻康自知"没面子"，憋得小脸通红。

快吃晚餐了，峻康掏出他的机器人，闷闷不乐地玩着。

"峻康，吃晚饭了，别玩了。"

"我现在就想玩。"他头也不抬，对别人爱答不理的。

"一会儿饭都凉了哦！"

"我不想吃！"

"我知道，你今天下午没赢力灿，但是这也没什么呀！"

"我才不在乎这个呢！"峻康尖叫了一声，把我吓了一跳。

"怎么了宝贝？"峻康爸爸不知道发生了什么，过来摸了摸他的头。

　　"别碰我！"峻康一扭身子，"都别管我！我讨厌你！"

　　"峻康，你怎么能这样对爸爸说话！"我被激怒了。

　　"……"

　　"这样做就能赢回来吗！"

　　"哇……"峻康扔下玩具，抱住爸爸的腿大哭起来。

　　固执的孩子往往多疑、易怒，不太懂得如何直接处理伤痛或愤怒。为了安全起见，他可能会在自认为最安全的地方发泄自己的不满，比如爸爸妈妈面前。让孩子直接处理伤痛、愤怒，而不是肆意宣泄情绪，其实是很困难的。而这也是帮助孩子开始关注内心的一个好机会。通过这些麻烦事，要让他学着为自己的不良情绪找一个宣泄的出口。

　　孩子不会处理事情，我们也切勿唠唠叨叨，火上浇油。你要懂得，孩子朝你大吵大闹，并非一定是针对你，实际上，这是表现对你信任的一种方式。你要让孩子看得出你已经觉察到他的异样了。之后，告诉他，生活中很多事情是我们无法掌控的，你只能接招，选择改变。愤怒、偏激、大吵大闹都没用。与惹他生气的那件事无关的人，也不应成为他的受气包。拿周围的人撒气对解决问题毫无帮助。如果你不能控制自己，也不想说，那就先让自己冷静下来。然后立即让他行动起来，收拾残局——向爸爸道歉，收拾玩具，丢掉坏情绪，开开心心地吃饭。总之，你要清楚地表明：坏情绪需要找到正确的发泄出口。

第十章

孩子撒谎怎么办

　　诚实是力量的一种象征，它显示着一个人的高度自重和内心的安全感与尊严。发现孩子撒谎后，请务必清楚地表明态度：撒谎会受到加倍的惩罚，惩罚会马上开始。撒谎如果得不到惩罚，成为一件轻而易举的事情，不仅会强化欺骗者的不诚实行为，而且实际上"惩罚"了那些诚实的人，使孩子的道德观发生动摇甚至瓦解。

　　不要把孩子撒谎的行为视为背叛，揭穿谎言的时候，也要给他留面子，他因为被原谅，才不会在被识破的时候狡辩，反而有了要诚实的觉悟。即使受到了一定的惩罚，他仍会明白，爸爸妈妈是爱他的。对父母而言，得知孩子出现问题的原因，比这个错误本身更有意义。

"假想游戏"不同于撒谎

"今天幼儿园着火了！"

"天哪，究竟是怎么一回事儿？"

"我们在教室玩的时候，火就突然烧起来了！"

"有人受伤吗？"

"有好多人呢，静美也受了很严重的伤！"

"有没有把她送到医院去？"

"送去了，还是我抬的担架呢！"

"你？"

妈妈有点摸不着头脑了。

"妈妈，你知道是谁放的火吗？"峻康神秘兮兮地小声说。

"谁呀？"

"我呀！"峻康很得意地大笑了起来。

我顿时愕然，继而才明白这场所谓的"火灾"，只不过是峻康假想的一场游戏而已。

大人和孩子在思维方式上的不同，注定了他们看待事物的差异。大人是生活在现实世界中的，而孩子则常常在假想的世界里玩得忘乎所以，因此大人们往往很难理解孩子的想法和感受。

对于四五岁的孩子而言，类似幼儿园发生火灾之类的"假想游戏"，在他们的头脑中总是层出不穷。尽管最终大人都能看出他言之凿凿之中的破绽，但刚开始还真可能被他们唬住呢！

孩子可以轻而易举地想象一场交通事故，自己在事故中受了伤，然后被送进了医院，医生忙忙碌碌地为他做救护等。他们绘声绘色地描述，就像真的发生了一样。孩子这样做，用意是想让你跟他共同分享当时的惊险和刺激，而不会去想自己的描述会不会让你担惊受怕，以及当"真相"揭穿之后自己会不会被当成一个撒谎的孩子。

编造故事，达成心中的愿望

今天在幼儿园，峻康看见力灿正捧着一个电动玩具车，周围很多小朋友都羡慕地围着他看。峻康走过去说："我爸爸给我买了一个智能机器人玩具呢，比你这个要好玩多了！"

"哎呀，是真的吗？"

"你爸爸可真好啊！"

"借给我玩玩吧！"

小伙伴羡慕的目光，让峻康觉得自己仿佛真的拥有了一个智能机器人玩具。而事实上，爸爸并没有给他买。

"如果小朋友想看看你的机器人玩具，你却没有，怎么办呢？"我问峻康。

"……"

峻康为什么撒谎呢？他是一个坏孩子吗？

事实上，在孩子的理解中，并不觉得撒谎和坏孩子之间有什么必然的联系。峻康在说这句话的时候，心里大概在想：我如果能有一个智能机器人玩具该多好啊！这样小伙伴就会羡慕我了！至于接下来该怎么圆谎，他估计就没想这么多了。

所有的孩子都会或多或少地歪曲真相，或者夸大其词。这跟"撒谎""故弄玄虚"之类的坏习惯是大不相同的。通常孩子到了三四岁就会有爱"撒谎"的行为发生，这也是孩子在成长过程中的特有现象。孩子的大部分谎言来自想象、愿望、游戏和无知，他只是在编造一个故事、一个梦想，或为了达成心中的愿望而夸大自己的言词，其中也有辩解或引起人们关注的目的。对特别小的孩子来说，这种现象是普遍的。我们应该充分认清隐藏在谎言背后的真实目的，懂得分辨孩子撒谎的性质和动机。

究其缘由，撒谎分为有动机和无动机撒谎两种。

无动机撒谎是一种不良习惯，但往往并无损人利己的目的。上文中的两个例子就属于此类。孩子按捺不住自我丰富的想象倾诉，又担心别人轻视或排斥，便申明是真的，甚至反复强调其真实性。一旦引起对方兴趣，便口若悬河，从心理到感情畅快无比，表现出了极大的才能，构思、条理、层次、主题以及淋漓的表达。峻康编造故事说幼儿园失火了，我猜也许是刚刚接触新的环境，比较好奇，或者是看到过救护车救人的惊险场景，幼小的他感到"大开眼界"的缘故吧。

一开始，他们可能会沉浸在成功编造故事的兴奋之中，但事后，紧接着可能是沮丧。一顿痛快淋漓，冷静后便担心谎言被识破。这样的孩子往往自尊心很强，几经编造，几经揭穿，再面临一些轻蔑或鄙视，孩子便走向孤独和沉默，他卓越的想象力和表达才能也可能被逐渐扼杀。

另一种撒谎便是有动机撒谎了，这是一种不好的行为，是一种极坏的品质，它是许许多多劣迹的根源和庇护者，所以应该使孩子从小就畏惧它。

孩子撒谎有多重表现，有些谎言充满敌意，表示他的不满。比如，亲戚家的小妹妹很受宠，他有些嫉妒，于是故意做一些坏事，再告诉妈妈是妹妹做的，希望妹妹被骂，像这类的就是敌意性的谎言。

孩子在闯祸或做错事情以后不仅担心受罚且内心充满压力，以致心理产生恐惧而诱发撒谎，这也是孩子撒谎的最大原因之一。比如考试没考好，讲出来怕会被打，于是就骗你成绩单还没发，然后自己在成绩单上签名；或者自己不小心把盘子摔碎了，害怕被责骂而找一些理由或推托是别人弄破的，这都是出于防卫的目的。

从这些情况来看，其实孩子欺骗他人的行为往往不是目的，反而是撒谎的背后可能藏着一颗恐惧或希望受到重视的心。所以一旦小孩子说了谎，我们必须先冷静地面对他撒谎的事实，然后客观地处理，千万不能不问青红皂白就把情绪加诸在孩子身上，让天真的心受到伤害。

说真话的空间

韩国一位心理学家为了研究早期教育对人生的影响，请在监狱服刑的犯人谈谈母亲对他们的影响。一位犯人在信中写了这样一件事：

小时候，有一天妈妈拿来一篮子苹果，我一眼就看出中间的一个又大又红，就想吃这个。这时妹妹抢先说她要中间这个苹果，妈妈瞪了她一眼，说："好孩子要学会把好东西留给他人，不能总想着自己。"于是我灵机一动，改口说："妈妈我想要那个最小的，把大的留给妹妹吃吧。"妈妈听了我的话非常高兴，在我的脸上亲了一口，并把那个最大的苹果奖励给了我，我得到了想要的东西。

那一刻我觉得，这个世界真奇妙，你说真话受人训诫，说谎反而能得到自己想要的东西。从此，幼小的我学会了说谎，学会了不择手段，学会了打架，长大后，学会了偷、抢，直到现在被送到监狱。

诚开金石，信步天下。一个不讲诚信的人，无法立足社会。当发现孩子说谎时，父母一定不能轻视。要从小事中反省，问题到底出在了哪里。

孩子说谎，通常是父母没有给孩子说真话的空间。你要试着诚实地评价自己：身为父母，你是否无法容忍孩子的"坏习气"（哪怕只是孩子幼稚的想法）？是否无法接受坏消息？是否有强烈并且令孩子畏惧的情绪反应呢？如果是，那么是你自己给孩子提供了撒谎的基础。当一个孩子说真话却遭到你的训斥时，他还会对你坦诚吗？当孩子犯了错误，说真话注定遭到父母的训斥甚至打骂，而说谎却能逃避惩罚、保护自己，他会如何选择呢？

撒谎并不是不可原谅的，不过这种行为表示孩子对你有所惧怕，也有些隐瞒。他不是害怕他的所作所为，而是害怕你。不管哪种情况，如果孩子知道你会适当地处理不当行为，并且考虑他的需要，那么他撒谎的可能性就小了。

你的孩子都是独一无二的，你要有勇气接纳孩子的小贪心、小伎俩，视孩子的幼稚、单纯、失败、犯错为成长的台阶，要能接受孩子的真话，而不是那些只让自己高兴的话。这样，孩子才能对你坦诚，对世界坦诚。

我们的那些自作聪明、虚虚实实

丁零零，客厅的电话响了。

我接起电话。

"喂"电话那边响起同事的声音。我皱了皱眉。

"京心，有空吗，一起逛街淘衣服如何？"

对方是一个很唠叨的欧巴桑，在我看来，我们之间没有什么共同之处，不管是兴趣爱好，还是穿衣品味。

"呃……"我犹豫了，直接厌恶地拒绝毕竟是不好的。

"啊，我今天没空哦，峻康一直缠着我，还得送真爱去学习画画……"

"哦，这样啊……"

寒暄一会儿，我忙不迭地挂了电话。

峻康坐在沙发上，仰起头看着我。

"妈妈，我今天很乖哦，没有缠着你。"

我看了看他，站在那里，竟一时感到手足无措。

孩子撒谎，作为手段，直达目的。深究形成原因，仍然与爸爸妈妈有着千丝万缕的联系。我们看到孩子这么小就学会了撒谎，却不知道为什么，感觉小孩儿的世界很古怪，实在没有什么缘由。其实，某个我们不曾在意的小细节就影响了孩子。造成这种局面的，正是我们这些想给他良好教育的父母。就像在这个场景中，我为了能礼貌地拒绝同事，采取了成人之间常用的圆滑处理方法。但孩子是纯真的，他不会用成年人的逻辑考虑事情。只是经过这种观察、体验，他感觉这种方式很管用，也很美妙，便学着应用。这时，我这个当妈妈的便无意中充当了他学会撒谎的"导师"。

作为成人，我们习惯了说一些让对方感到舒心的"场面话儿"了。甚至把这种圆滑世故当做智慧的象征，在日常生活中

随处运用。随着孩子渐渐长大，分辨力提高，他们会逐渐懂得妈妈这样做是为什么，谎言被戳穿，我们也会逐渐在孩子眼中丧失威信。

孩子撒谎不可怕，可怕的是把我们当家长的那些自作聪明、虚虚实实的作风展开给孩子看，以致潜移默化，孩子将其吸收，异化成赤裸裸的谎言。

除了在成人世界里玩一些虚虚实实的把戏，父母们还惯常对孩子说谎，还美其名曰"善意的谎言"。很多做父母的都会用一些善意的谎言让孩子不要无理取闹，或是让孩子按照自己的想法吃饭、睡觉、玩耍。比如，"把饭吃完了，否则不带你玩了"，"你再赖着不走，人贩子会趁我不在时把你拐走"，或者"你是妈妈从垃圾桶里捡来的。"

我相信，很多中国父母都曾对孩子撒过类似的谎言。他们极力夸张，编造谎言以达到让孩子听话的目的。并且还为撒谎找借口："当教育孩子时，用一些善意的谎言是可以的。它能够促使孩子朝好的方向发展，避免走上邪路。"

家长对孩子撒谎大部分都是为了省事，觉得谎言比讲道理更能有效、迅速地抑制孩子的一些想法、要求。但我想说，教育不能省事，有些谎言不能说。因为有些话，无论是在孩子的情感上，还是认知上，都会对他造成负面的影响。有一个中国朋友就曾对我说，他很小的时候问妈妈，他是从哪里来的。妈妈告诉他，是从垃圾堆里捡来的。那一刻，想象自己曾在垃圾堆里孤苦无依地等待"妈妈"把他"捡回家"，幼小的他突然感到了一种莫名的、巨大的孤独。那是一种绝望，一种巨大的悲伤啊！

　　类似的问题父母们肯定碰到过。你也许只觉得孩子小，不懂事，随便说说也没什么。但听到我这个朋友当年因此陷入恐惧时，你还觉得好笑吗？

　　卢梭说，美德是经过体验才得以形成的。我们绝不能试图把诸如真理、诚实、虔诚等概念强加给儿童。美德是通过榜样的作用教给儿童的，而不是通过训诫的方式。关于道德教育，绝不是学习一些口头公式，实践才是至关重要的。

　　父母一方面灌输给孩子诚实的思想，但日常生活中，却做出一些背道而驰的行为。对孩子撒一些善意的谎言，似乎都是为孩子好，都是为了让缺乏分辨力的孩子按照对他有利的方式成长。但是，随着孩子逐渐长大，有些谎言终归会被识破，时间长了，我们会发现，我们说一句话，孩子有时会问一句：你不是骗我的吧？似乎我们就是一个大骗子！但这样的问话让我们不得不反思：我们是否应该停止在孩子面前说谎，即使是一些善意的谎言？

不要让孩子觉得和你说话是一件可怕的事

　　很多时候，我们怒气冲冲，逼着孩子认错，其实不是为了帮孩子成长，只是想证明自己是对的，因为我们面对犯错的孩子，自身就不自信，不知道如何摆平局面。沟通的目的是启示孩子怎么做是对的，而不是证明谁对谁错。通过各种方式让孩

子明白他的行为可能导致的自然后果，才是真正帮孩子成长。

因此，作为父母，你应该做一个情绪稳定、懂得理性表达的榜样。孩子犯错的时候，要做到心平气和地沟通，管得住自己的情绪，明白自己的情绪其实和孩子的行为无关，而是和自己对孩子行为的认知、评价和看法有关。如果你有让孩子感到畏惧的情绪反应，比如一听到孩子做错了事就怀疑他，甚至暴跳如雷，那么我希望你能在情绪爆发前强迫自己冷静下来，遵循下列的法则行事：

心理上：

1. 知道孩子撒谎了之后，首先告诉自己，我将要听孩子的解释，我必须先完整、清晰地听他把事情讲清楚，然后再做判断。在这之前，孩子是无罪的。

2. 听的过程中，我绝不打断他的话，也绝不轻易做出判断，我要让他知道，和我交谈（即使是在陈述他撒谎的"罪行"）是很安心的，并不是一件令他惴惴不安的事情。

3. 时刻提醒自己，即使这次他的确撒谎了，我也不能联想起以前他做过的任何让我生气的事，我要了解孩子现在的心理，他究竟在想什么，有什么不快乐的事困扰着他。

行动上：

1. 和孩子一起坐下来，或者蹲下与孩子平起平坐，不要气势汹汹地站在他面前，把他矮小的身子逼在角落里。

2. 用眼睛注视着他，要平静，不要怒目圆睁。

3. 如果他表现得情绪很不平静，先给他一个安慰。擦干他的眼泪，抱抱他，等等。

语言上：

1.不要逼问，要倾听。切勿说"就是你把玻璃打碎了是吧？""事情在这儿摆着，你还狡辩！"

2.不要着急。"别着急，咱们慢慢说，告诉我到底怎么回事。"

3.不要责难，要宽容。"撒谎是不对的，但你已经承认错误了，没关系。""别担心，妈妈不会责怪你，但你要记住教训。"

重视他的感受，而不是他的错误

力灿是我们家的常客，有一次，力灿找不到他的那个溜溜球了，他问峻康："峻康，你看见我的溜溜球了吗？黑色的。"

我注意到，峻康在游戏室里马马虎虎地转了一圈，然后对力灿说："没有在我这儿，是不是在你自己家里呀！"

力灿不相信，固执地认为他是拿着溜溜球来到我家的。可他把游戏室的角角落落都翻遍了，还是没有找到他的黑色溜溜球。

力灿有点生气了，他很不友好地看着峻康。

峻康觉得自己被怀疑了，很生气。

"我没拿，我就是没拿。"

我看了看峻康有些不安的眼神，明白发生了什么。我把游戏室翻看了一遍后，去了峻康的小卧室，一下子就找到了黑色溜溜球。

"峻康，是你藏的吗？"我温和地看着峻康，他正在慢吞吞地整理积木。

"没有，我就是没有，昨天我们一起玩这个溜溜球，但他回家时忘了拿走了，就落在我的床边了。"

我没有戳穿他，跟他争辩是不明智的。

"你既然知道昨天你们一起玩溜溜球了，而且是在你的房间里，力灿问你的时候，你就应该去房间里找找，知道了吗？"

峻康低着头，不说话。

"小伙伴的玩具不见了，你要尽力帮着找，好吗？"

峻康没有看我，但点了点头。

撒谎是用来掩饰不良行为的极简便的方法，要避免孩子发生这种现象是很困难的。听着孩子狡辩，大人可能都会感觉特别痛苦，因为你觉得孩子的性情很坏，他竟然愚弄你。但事实上，他只是太想保护自己而已。而且，不可否认，玩具对孩子的诱惑实在是太大了。

撒谎当然是一种劣迹，一种不可原谅、必须马上纠正的不良行为，但父母们，任何时候，我们一定要记住：孩子的精神是脆弱的。这是所有谈话开始前都要注意的。谎言被拆穿，孩子常常会惊慌失措，以为会失去父母、老师、同学的喜欢和信任，而这时候，恰好是教育效果最好的时候。

识破孩子的骗局时，或者当着孩子的面提到撒谎这件事时，你应该表现出极端的厌恶，把它看做是好名声和好品格绝不相容的品质，正直的人都不能忍受撒谎的嫌疑。孩子第一次说了谎，你最好把它是看做发生在他身上的一件怪事，表现出一种不可思议的惊愕。如果他不能就此罢手，再犯的时候，你就应该好好跟他谈谈。

在开始谈话之前，要放下怒气，给他一个信任的眼神，让孩子知道，你相信他善良诚实的本性，"我知道你是个诚实的孩子，你撒谎，肯定有原因。"让孩子明白，你很生气，但你最想知道的是他怎么了，有什么不快乐的事情，你重视他的感受胜过了他做错了什么事，而不是揪着他的错误不放。一个被父母完全接纳、充满安全感的孩子，才能够自在坦诚地做自己。这样的勇气来自于他内心的坚定，来自于他知道，即使他做错了，父母也会以亲切和关怀的目光注视着他，给他改正的机会。

你一定不要把孩子撒谎的行为视为背叛。撒谎总是令人不愉快的，不管是撒谎的孩子，还是被谎话欺骗的你。如果有选择的话，孩子可能不会选择撒谎。他撒谎可能是不想让你生气，不想让自己陷入麻烦、失去某项权利，或不能做某些他想做的事情。

揭穿谎言的时候，要给他留面子，他因为被原谅，才不会在被识破的时候狡辩，反而有了要诚实的觉悟。这样的孩子在面对自己的错误时不会感到自卑，反而会勇敢面对。在处理峻康霸占力灿的溜溜球这件事的过程中，我没有逼问峻康"是你藏起来的吧？""你就是想霸占他的溜溜球是不是？""你怎么能撒谎！"因为这种明知故问只能发泄大人的怒气，而对解

决事情毫无益处。

再有，孩子犯错误后如实反映，猜想你会怒气冲天，为避免受惩罚，孩子便以谎言蒙混。这么说，孩子撒谎岂不是我们大人逼出来的？此时最明智的做法是，直接陈述事实。"你既然知道昨天你们一起玩溜溜球了，而且是在你的房间里，力灿问你的时候，你就应该去房间里找找。"沟通的目的是解决问题，而不是证明孩子的错误。要孩子诚实，你首先要给孩子说真话的空间，不要逼迫他。

如果在证据确凿时他仍坚持不承认撒谎，"没有，我就是没有，昨天我们一起玩这个溜溜球，但他回家时忘了拿走了……"此时，你就应该平静地问他为什么这么做。换言之，你强调的重点不在于要他坦白承认撒谎，而在于讨论当事实已经摆在眼前时，他为什么还要坚持否认。如果孩子是害怕你生气，你就需要解释你的怒气其实来自失望和受到了伤害，因为你相信你和他之间存在着信任感，可以包容他偶然地犯错误。你应该要求他坦言是否做了错事，你也向他坦言他应该接受相应的惩罚。这样，你就不会太失望，因为你不喜欢他错上加错。这时，你要尽量控制自己的怒气，否则只会让他更难以面对真相。

如果他一下子就招了，接下来，应借着赞扬他有勇气认错，传达给他一种观念，你肯定他的诚实，而不是抓着他犯的错误不放。即使他要受到一定的惩罚，他仍会明白这个事实。他觉得爸爸妈妈是爱他的，重视他的，包括他的缺点。他可能不会觉得自己的计策得逞了，但也不会觉得没面子，被大人看扁了。对父母而言，得知孩子出现问题的原因，比这个错误本身更有意义。这对建立良好的亲子关系至关重要。

惩罚免不了，必须马上开始

请记住，孩子撒谎有三大原因：把想象中的事当成事实说出来；说真话受到了惩罚；陷入困境，想摆脱。不管哪种原因，都应谨记，务必确认你已经清楚地表明了态度：撒谎会受到加倍的惩罚，惩罚会马上开始。撒谎如果得不到惩罚，成为一件轻而易举的事情，不仅会强化这些欺骗者的不诚实行为，而且实际上"惩罚"了那些诚实的人，使孩子的道德观发生动摇甚至瓦解。但要注意，惩罚不能太严厉，否则孩子出于恐惧或反抗，会做出极端的反应。结果，这种惩戒反倒成了一种鼓励。谎言被拆穿，马上还要面临"每天看动画片的时间缩短了半个小时"这样的惩罚，以后再遇到类似的事情，孩子就会在冒险之前，再三考虑，因为大多数孩子都明白谎言被揭穿的可能性是相当大的。

如果孩子当场抹着眼泪或害羞地告诉你，以后不再撒谎，一定要记住称赞他，但也不要忘记惩罚。

撒谎是表象，很多深层的原因是必须要搞清楚的。我们不要一上来就责怪撒谎的孩子，要试着了解他们。试着明白他们为什么会那样做。这比批评更有益处，也更有意义得多。而这也孕育了同情、容忍以及仁慈。峻康想把小伙伴的溜溜球占为

己有，而他知道如果问我的话，我肯定不允许，这种情况发生之前，我也许早该就很多日常生活小事和他谈谈彼此的想法和立场。也许我会发现我们在亲子相处时的一些问题，比如是我平时对他太严格了，或是他最近喜欢上了玩溜溜球，而我还一直以为他痴迷于搭积木。

当然，撒谎是很愚蠢的做法，他需要学习比撒谎更好的方法。我们还应该教给他处理问题的多种方法，比如协商，和力灿商量，借他的溜溜球玩几天。这样，当他长大后，在面对一些诱惑时，他就会试着通过正常途径满足需要，而不是撒谎、偷窃。

第十一章

孩子厌学怎么办

在很多中国父母眼里，教育的目的就是供孩子上大学，没有把教育看成是一件为孩子的一生打基础的事，觉得把孩子送进名牌大学就大功告成了。为了达到这个目的，家长的注意力都集中在孩子的学习成绩上，其他的重要方面，比如孩子的自我认同感、适应力、自信心、乐观精神、冒险精神、享受生活的能力等都被忽视了。

生活是一所学校，一草一木都可以成为研究、探索的对象。孩子的学习应该是全方位的，并不局限于读写算和各种技艺。在人生的路上，只要有完整的人格，任何时候出发都不晚。以学习为乐事，顺势而为，耐心引导，他就能通过欣赏、发现、创造，体验天赋带来的愉悦与自由。

什么都不想学，只想玩

"峻康，姐姐在学习画画呢，你想不想学学？"

"不想学，天天坐在那里有啥意思！"

"跆拳道喜欢吗？很棒哦，让你成为一个健壮的小英雄！"

"打架谁不会啊，还要去学啊！"

"那你喜欢学什么呀"

"玩……"

"……"

很想让峻康发展一门特长，可他对这些特长班一点都不感兴趣。除了整天满屋子乱跑，抱着球四处乱踢，真不知道他还会什么。以后上学了，他能好好学习吗？

你是不是也有这样的顾虑？虽然口头上说"孩子健康快乐地成长就是最大的心愿"，但等孩子进入小学，甚至只是上了幼儿园，还是希望他好好学习，千万不要厌学。但真实情况是，孩子的厌学情绪一直在。

厌学是指孩子消极对待学习活动的行为反应模式，主要表现为孩子对学习认识存在偏差，情感上消极对待学习，行为上主动远离学习。患有厌学症的孩子往往学习目的不明确，对学习失去兴趣；不认真听课，不完成作业；怕考试，怕排名；甚至恨书本、恨老师、恨学校，旷课逃学。这种情绪会在大部分

孩子身上体现，从报特长班到幼儿园的启蒙，从小学到中学，几乎贯穿孩子成长的整个过程。

享受生活的能力

在中国父母看来，孩子不喜欢读书是个极坏的消息，以后就要面临被老师训、考不上大学、得不到一份体面工作的残酷现实。诚然，孩子爱读书是好的，但这并不意味着孩子以后一定会成为成功人士，活得快乐。这一章，我们就来谈谈孩子的学习问题。

我有一位非常优秀的大学同学，她是从美国常春藤名校出来的女博士，在美国硅谷上班，我们都非常羡慕。同学聚会的时候，我们这些孩儿爸孩儿妈聊完往事，自然就把话题转到了孩子的教育上。问她怎么教育自己的孩子时，她讲了她的一些看法。一番话让我们都沉默了。在此与各位爸爸妈妈们分享她的心路历程，听完她的讲述，你可能会有不一样的领悟。

我从小学到大学，学习成绩都非常好，在美国读博士时成绩也处于上游。但是工作以后，我是同学中最普通的一个。事业上没有什么突破，生活也没什么色彩。虽然收入不菲，但自我感觉生活远没有他们那么有趣。毕业十年聚会上，我发现，同学中有当上大牌律师的，有成为摄影师的，有担任公司CEO 的。有个同学毕业后放弃大公司的职位，去了一家小公司，公司后来上市，他坐拥原始股一夜之间成为了百万富翁。

这些还不算什么，毕竟我们都是名校博士，聪慧又勤奋。但我觉得最潇洒的是一位男同学。他自从有了孩子就辞掉工作，做起了家庭主夫，因为他特别喜欢照顾孩子。他每天都在facebook上分享他的育儿心得，吸引了很多人的关注。而他的太太是个女强人，事业蒸蒸日上，最不喜欢做家务，非常支持他留在家里。夫妇二人一内一外，生活过得快乐轻松。看着他在网上分享的在各个国家旅行的照片，我非常羡慕。虽然我们家的生活条件也不错，但每天疲于忙工作，都是父母替我们接送孩子，更别提带孩子满世界跑了。

而我生活圈里的华裔同学也和我一样，在大公司工作，规规矩矩地上班。在校时学业优异，努力踏实，可后续的事业发展却普遍不如美国同学。反思自己的成长过程，我认为，在我们的文化中对孩子的培养存在很大误区。

在中国父母眼里，教育的目的就是供孩子上大学，没有把教育看成是一件为孩子的一生打基础的事，觉得把孩子送进名牌大学就大功告成了。为了达到这个目的，家长的注意力都集中在孩子的学习成绩上，其他的重要方面，比如孩子的自我认同感、适应力、自信心、乐观精神、冒险精神、享受生活的能力等都被忽视了。从小到大，我的父母经常对我说"我们这辈人因为时代原因没上大学，你一定要争气，考个好大学。"记得有一次我逃课，一天没见踪影，被妈妈揪回来打了一顿。妈妈又担心又失望，哭了一晚上。

父母寄予的希望太大了，我也把取得好成绩看得极重，不想让父母失望，所以每次考试我都特别紧张，特别怕出错，这种情形后来就发展成了谨小慎微的性格，做事追求完美而缺乏冒险精神，就怕辜负父母的期望。可现在想想，谁又真正理解一个小孩子的心情呢？

这种性格直接影响了我后来的事业发展。刚毕业的时候，我曾到一家小公司应聘，当时这家公司刚成立，急需人才，公司的一个创始人面试我，还邀请我一起吃午饭，特别希望我能留下来。可是硅谷的小公司多如牛毛，谁也不知道这家公司的命运如何。一番思量，求稳的心态还是让我最终选择了一家已很有名气的大公司。我的美国同学都劝我，如果以后这家公司不行了就再找工作好了，有什么可顾虑的。可我就是没敢冒这个险，怕人到中年后失业，让亲人惦记，而且感觉很丢人啊。现在，这家小公司已经成为行业翘楚，如果我当初留下来，公司上市以后我已变成百万富翁了。

我现在的收入也算很高的了，可感觉自己有了钱也不会花，去娱乐一下心里就会有罪恶感，觉得只有相夫教子、卖力工作才是正经事，其他的都是浪费时间。看到美国的家庭主妇每天把自己打扮得花枝招展的，办舞会、开派对，我既羡慕又带点鄙视：当妈的人了怎么还这么能玩啊。看到邻居家的男孩中断学业去实现他"当个卡车司机"的理想，我都替他担心：难道一辈子就当个卡车司机了？当然，在美国帮我照顾孩子的妈妈更是看不惯。这就是小时候形成的"只有学习才是正经事"的观念的后遗症吧。

反思自己的成长之路，有了孩子之后我就发誓，再也不让孩子像我一样。我要让孩子尽情地玩，孩子将来有兴趣有能力上名校就上，没有兴趣就不上。重要的是孩子要快乐、身心健康，对自己有自信、对生活有热情，将来他们自己想干什么就干什么去吧。

你的孩子具备哪种智能优势

教育不是捧上一张大学录取通知书，而是捧出一个个有鲜明个性的人；教育不是追求百分之多少的升学率，而是追求每一个孩子的生动、活泼、主动的发展。一方面，父母不能转变教育思维，只把"考个好大学"作为孩子学习的目的，会让孩子对学习产生畏惧心理和厌倦情绪。另一方面，如果不注重挖掘孩子身上的独特性，不顺从他的兴趣爱好，他同样不会爱学习。

有一个笨笨的小男孩，无论父母和老师如何努力，他都无法学会从 1 数到 10。父亲很失望："你这么大了，连从 1 数到 10 都学不会，将来长大了该怎么办呢？"

小男孩笑嘻嘻地回道："我可以做一个拳王争霸赛上只需数到 9 的裁判啊。"

小孩的名字叫布鲁斯·富兰克林，后来成为全美职业拳击运动史上最伟大的裁判。

人在孩提时代就已经开始形成独立的个体意识，通过接受

各种信息发展其独立的认识、判断、爱好、意愿等。影响这种发展过程的首要因素是以亲子关系为中心的家庭教育，而家庭教育的效果不仅取决于家长的教育动机和教育内容，更大程度上是取决于教育的角度和方式。

有的父母认为通过比较可以激发孩子更大的潜力，这是毫无根据的。而且，学习成绩好，真的就代表孩子能力出众吗？这只是大人们自己制定的标准，单凭学习成绩这个标准来衡量孩子们的能力是不全面的。就像布鲁斯·富兰克林一样，每个孩子都会找到自己的出路。

父母们要懂得，每个孩子都是独特的个体，他们有着不同的认知特征、不同的兴趣爱好、不同的创造潜能。父母应当承认（而不是漠视）孩子的这种独特性，善于发现他们的个性和素质，帮助他们找到一个潜能尽情释放的地方。每一个孩子的生命，都预先暗示了他要走的路。懂得深思的父母，会细心观察，反复思考，该如何顺从孩子的这种个性，助其成长。

珍视孩子生命中的无限可能性，不是放任，而是有张有弛，去帮助他完成他的使命。只有了解孩子的智力、思维、兴趣、爱好等天性，掌握孩子的性情特征和言行习惯，在教育孩子的时候，才能注意克服追求完美的趋向、整齐划一的弊病，才能避免盲目地把独特个性看成任性，横加指责，强加干涉。

人各有"智"，美国心理学家加德纳指出，人有八种相对独立的智能。每个人的智能组合不同，导致每个人的智能结构不同。通过细心观察，父母都能发现孩子身上独特的智能结构，而这对于开发孩子的智力，引导孩子学习非常有利。这八种智能是：

语言智能

是指有效运用口头语言或文字表达自己的思想并理解他人，灵活掌握语音、语义、语法，灵活运用语言表达自己、感知世界的能力。语言智能强的人适合做政治活动家、主持人、律师、演说家、编辑、作家等。

数理－逻辑智能

是指有效地计算、测量、推理、归纳、分类，并进行复杂数学运算的能力。这项智能包括对逻辑的方式和关系、陈述和主张、功能及其他相关的抽象概念的敏感性。科学家、会计师、统计学家、工程师等，数理逻辑智能都表现得比较出色。

空间智能

是指准确感知视觉空间及周围一切事物，并且能把所感觉到的形象以图画的形式表现出来的能力。空间智能强的人对色彩、线条、形状、形式、空间关系很敏感，如室内设计师、建筑师、摄影师、画家、飞行员等。

身体运动智能

是指善于运用整个身体来表达思想和情感、灵巧地运用双手制作或操作物体的能力。这项智能包括特殊的身体技巧，如平衡、协调、敏捷、力量、弹性和速度等。羽毛球运动员林丹、舞蹈家杨丽萍等，身体运动智能明显高于普通人。

音乐智能

是指人能够敏锐地感知音调、旋律、节奏、音色等的能力。音乐智能强的人，比如歌唱家、作曲家、音乐评论家，对各种音乐元素的敏感性强，与生俱来就拥有音乐的天赋，具有较高的表演、创作及思考音乐的能力。

人际交往智能

是指能很好地理解别人和与人交往的能力。人际交往能力强的人，适合从事外交、心理咨询、公关等职业，因为他们善于察觉他人的情绪、情感，体会他人的感受，辨别不同人际关系的暗示以及对这些暗示做出适当反应。

自我认知智能

是指自我认识和善于自知之明并据此做出适当行为的能力。这项智能能够促使人们认识自己的长处和短处，意识到自己的内在爱好、情绪、意向、脾气和自尊，喜欢独立思考。哲学家、思想家、心理学家等都是显现这种智能的人。

自然认知智能

是指善于观察自然界中的各种事物，对物体进行辨别和分类的能力。自然认知智能强的人有着强烈的好奇心和求知欲，有着敏锐的观察能力，能了解各种事物的细微差别。天文学家、生物学家、地质学家、考古学家、环境设计师等，都属于此类优势智能人群。

一切教育都是从我们对儿童天性的理解开始的。人生而不同，每个孩子都有自己的天赋秉性和人生轨迹。我们能做的只是尊重孩子的个性差异，唤醒孩子内在的自觉，寄希望于他成为一个有独立思考能力的人，一个跳出规则的人，一个对世间万物充满探索热情的人——当然，他也有不这样做的权利。每一个生命都有自己的出路，成年人指定的，孩子未必愿意顺从。多元智能理论对教育的意义也正在于此：父母们应认识到，每一个孩子都有不同的智能优势倾向，从而能尽可能地发掘孩子潜在的能力，使他能在某种智能上有出色的表现，成为杰出的人才。

如今，市面上流行全能宝宝、优秀小孩，他们多才多艺、能弹会唱。钢琴班、奥数班、绘画班成为批量制造全能宝宝的车间。可对于我们来说，我们不需要真爱和峻康如此标准如一，自小就被打上各种烙印。对他们来说，生活就是一所学校，一草一木都可以成为研究、探索的对象。他们的学习应该是全方位的，并不局限于读写算和各种技艺。在人生的路上，只要有完整的人格，任何时候出发都不晚。以学习为乐事，顺势而为，耐心引导，他就能通过欣赏、发现、创造，体验天赋带来的愉悦与自由。不喜欢书本，那就去玩泥巴；不懂吹拉弹唱，那就去田野撒欢。世界向孩子敞开了大门，这里有高山流水、花草树木，远方的空气吸引着他……他自有自己的喜好，会朝着它们尽情奔去。

不让孩子过早接触学科知识

峻康是在中国上的幼儿园，那段时间简直让我头痛不已。

每天早上都要逼迫着他起床，连拉带推地和他出门。在幼儿园门口，他不是哭就是闹，抱着我不放。看着他那委屈的样儿，妈妈的心里更是说不出的滋味。不愿去幼儿园，不仅仅是孩子小依恋父母，我们也应该反思反思幼儿园的原因。

当我们津津乐道于一些天才少年的成长，一个个成功的教育案例时，我们会发现，这些孩子所有辉煌的背后，都有一种神奇的力量支撑着他们，那是学习最本质的原动力——童心、好奇心！我们每人原本生来全都拥有好奇心，但随着岁月流逝，为人父母者，还有多少人始终视之为珍宝呢？

"不要让孩子输在起跑线上"，我经常听到很多中国的年轻妈妈这样说。而幼儿园也将这种理念深入了他们的具体行动中。很多幼儿园会在教学内容的选择上过早地让孩子接触学科知识，让天性爱玩的孩子过早过上了小学生的生活。这样，孩子喜欢上幼儿园才怪了呢！人生不是百米短跑，何谓"输在起跑线上"？卢梭说，大自然希望儿童在成人之前就要像儿童的样子。如果我们打扰了这个秩序，就会造成一些早熟的果实，它们长得既不丰满也不甜美，而且很快就会腐烂。在他只能小心翼翼地触摸这个世界的时候，我们何必催促他奔跑呢？

学前教育是每个国家都非常重视的，在韩国，幼儿教育机构种类多样，主要分为幼儿园和保育园，幼儿园以教育为主，保育园以保育为主，两者都没有统一的教育课程。韩国幼儿教育的重点在于培养孩子的基本生活习惯，养成关爱他人、合作的习惯，以及尊重人和自然、理解自己的文化的意识。课程内容由身体运动和健康、社会关系、艺术体验、沟通、自然探究五个领域构成，强调主导性经验。

相比中国的幼儿园，韩国的幼儿园办园规模小，室内的设施简单，墙面干净，几乎没有什么教师制作的装饰物，只有少量幼儿作品。不少中国的幼儿园正在大量地使用电子白板、平板电脑让幼儿接触丰富的信息，而韩国的幼儿园崇尚让幼儿到大自然、大社会中去亲身体验、探索和学习。

活泼好动是孩子的天性。韩国的幼儿园努力保护和鼓励着孩子的这一天性，给孩子们充分的自由空间，让他们尽情释放自己的能量。而中国的一些幼儿园似乎以"别磕着碰着"为最重要的任务，以"乖""听话"为"好孩子"的标准，而这恰恰扼杀和践踏了这一天性。

中国的幼儿园通过强化常规、约束幼儿的行动来保证幼儿的安全，而韩国的幼儿园则通过安全管理和安全教育并重来保障幼儿的安全，让幼儿知道生活中可能存在的各种危险。幼儿园几乎每周都安排专门的安全教育，安全教育的内容全面，包括生活安全、消防安全、交通安全等方面，几乎涉及儿童生活中可能遇到的所有安全问题，比如预防失踪和诱拐、药物安全使用、预防性侵犯等。

韩国的幼儿园注重生活常识的教育，不过早传授书本知识，这是符合儿童的身心发展规律的。儿童心理学家认为，孩子的学习是有敏感期的。每一年龄阶段，凡是儿童所喜好的活动都

是健康的。反之则否。儿童爱好某种知识时，也就是他们适宜接收这种知识的时候，是精神成长需要这种营养的时候。当这种学习敏感期到来时，给予适当条件，不增加过多压力，不剥夺孩子学习的权利，孩子自然会学得很好。但是，过早获取与认知能力不相符的知识，反而会影响孩子的脑部发育与智力开发，扼杀想象力和创造力。

除了韩国外，其他国家的幼儿园教育也是各有特色，而共同的一个特点显而易见：不让孩子过早接触学科知识。

美国幼儿园的教育目标：

1. 有好奇心、想象力和创造力，发挥自己的潜力，各方面都得到发展。

2. 能发现问题、解决问题，有独立精神和探索精神。

3. 能对成人的各种要求做出反应，有信任感、责任感、自尊心。

4. 能够表达自己的需要，学会与人分享和合作，友好地与同伴交往。

法国幼儿园的教育目标：

1. 提高身体的平衡性及协调性。

2. 发展口语表达能力，能正确表达自己的思想、情感和需要。

3. 积极地与教师、同伴交往。

4. 发展艺术表现能力和创造力，提高审美能力。

5. 发展自由探索、独立创造的精神。

6. 获得有关科学技术方面的粗浅知识与技能。

英国幼儿园的教育目标：

1. 培养语言能力、独立性、创造性。

2. 发展聆听、观察、讨论、实验的能力。

3. 注重对兴趣和个性的培养，注重能力的全面发展。

4. 注重思维与想象，在开放式的环境中充分展示自己。

5. 培养爱的理念，铸造自信的人格，锻炼社交技能。

熏陶是不教之教

孩子呱呱坠地，从这一刻开始，年轻的父母必须明白，婴儿对周围的世界是一无所知的，虽然他们具有潜在的学习能力，但头脑中并没有与生俱来的知识，任何一个孩子都是通过后天的学习与教育才逐渐了解这个世界的。所以，在他尚幼的时候，家庭生活对他们来说具有至关重要的意义。

孩子在三四岁的时候逐渐接触书本知识，开始漫长的学习之旅。在这个年龄，他们已经不是一张白纸了，他们已经懂得了很多基础概念，不管是生活中的，还是学习上的。这其实一部分是由于机遇造成的，有一部分则是从父母那里获得，与父母的地位、职业、性格，家庭氛围等有很大关系。鉴于此，希望父母们在孩子尚未正式入学的时候，就开始着手家庭文化氛围、求知氛围的塑造，给孩子良好的家庭文化的熏陶。

家庭文化囊括的范围很宽，包括生活方式、道德修养、个性追求、处事为人、行为习惯等多种文化形态。这些文化形态

无不反映在家庭日常琐碎的生活中，并潜移默化地影响孩子的成长，具有不可忽视的教育功能。

怎样给孩子营造一种积极向上的家庭文化环境，促进孩子健康和谐地发展呢？在此，我给父母们一些建议：

第一、书房和衣橱一样重要。当妈妈们苦口婆心地给孩子讲述学习的重要性、未来竞争的残酷性的时候，孩子能够理解并真正遵守吗？如果孩子能够明白并接受，那真是一件很幸运的事，但对一个孩子来说是不太容易接受的。

妈妈在抚养幼子的过程中扮演着主要的角色，你应该重视自己的定位。作为妈妈，不能只考虑孩子怎样做才能长大成才，还应该考虑自己如何做才能成为孩子的榜样。与其苦口婆心地说服孩子，不如妈妈先给孩子做一个表率，让孩子自己去体会妈妈的良苦用心。作家周国平说：让孩子真正喜欢上智力生活，乐在其中，欲罢不能，对学习充满兴趣，是智育的最大成功。在这方面，父母的榜样能产生显著的作用。我深信，熏陶是不教之教，是最有效也最省力的教育，好的素质是熏陶出来的。因此，做父母意味着人生向你提出了一个要求：必须提高你自己的素质。

有了孩子之后，很多女人做了全职妈妈，即使还上班，上进心也大不如从前。很多女人在结婚前是个好学上进的职业女强人，可有了孩子后，时间被孩子占据了，生活被孩子填满了，整颗心系在孩子身上，孩子就是整个世界，就是唯一的寄托，对读书、学习便慢慢懒散了。可妈妈们想想，一个整天打麻将的妈妈，怎么能让孩子安安静静地读书？一个闲暇时间都用来玩手机的妈妈，怎么能让孩子喜欢上阅读？一个工作不勤奋、上班就是混日子的妈妈，又以何种资本教育孩子好好学习？

因为孩子的到来而放弃了自我的发展，是不明智的。养孩子累、没时间，这不是借口，反而要成为你改变自己的契机。

妈妈在教育孩子的过程中，自身文化程度的高低并不是最关键的问题，因为妈妈不是教孩子知识的老师，而是孩子行动的榜样。通过妈妈的行为，孩子可以学习到在学校和幼儿园学不到的东西。妈妈们应该通过多种途径来加强自己的文化修养，培养良好的学习习惯，摒弃不良嗜好，以自身的积极向上的形象来影响孩子，发挥榜样作用和效能。我始终坚信，女人需要由内而外的精神与物质的和谐。一个美丽、知性的妈妈，衣橱和书房都需要。而且女人需要书房，我觉得其重要程度不亚于需要衣橱。一个养内，一方安外，缺了哪个都会让妈妈失去光彩。读书是女人保持上进心的一个好方法。读书多了，女人在气质里、在谈吐上、在胸襟中，都会与众不同。通过读书，我们不仅能让自己沉静下来，对生活有更丰富的领悟，也能自然而然地将这种气质传给孩子，让孩子爱上读书、爱上未知的知识海洋。

爸爸的角色同样重要。教育孩子是爸爸妈妈共同的责任，在培养孩子好学品质这一点上，爸爸的作用也不容忽视。英国作家格雷厄姆·格林曾说，一个人日后会成为怎么样一种人，端看他父亲书架上放着哪几本书就能知晓。一个热爱学习、工作上进的爸爸，会给孩子潜移默化的正向影响力。而一个不读书不看报，不关心社会变化，不善于接受新事物的爸爸，便无

法给孩子树立一个好学的榜样。另一方面来说，一般而言，爸爸偏重于理性、务实等知识内容的了解学习。比如关心国家经济形势，提升工作技能，了解新科技的发展等，而妈妈则偏重于轻松、实用、娱乐等方面知识的学习。比如学习一道新的菜品，关心流行时尚、服饰搭配等。这种不同恰恰是一种互补，可以相互促进，让孩子能够接受多种新鲜事物，学到不同领域的知识。

另外，要培养家庭成员的良好兴趣爱好。要摒弃不良的嗜好，远离牌桌，跳出整天吃喝玩乐的生活圈，培养自己高雅的生活情趣，良好的生活爱好，用自身的魅力去影响孩子。培养孩子对周围事物的观察和探究的兴趣，积极向上的生活习惯，引导他参加有益身心健康的文体活动，如练习书法、下棋、唱歌、体育锻炼等。还要避免孩子接触不健康的信息。在孩子与日俱增的求知欲下，要关注他接触的人与事，帮助他正确选择课外书籍，选择适合他的健康节目、电脑游戏、登录的网站等，并做出明确的限制。

自主学习的品质

孩子小的时候并不能准确理解知识的意义和价值，他们会认为自己所学的书本知识毫无用处，怀疑知识不能为他们解决现实生活中碰到的问题。孩子一旦认为学习的唯一目的就是获取某门功课的知识，就不会理解父母的良苦用心，不会配合老师的教学。

著名作家龙应台写给儿子安德烈的一段话里说："孩子，

我要求你读书用功，不是因为我要你跟别人比成绩，而是因为，我希望你将来会拥有选择的权利，选择有意义、有时间的工作，而不是被迫谋生。

但的的确确，让幼年的孩子明白读书的真正价值所在是困难的，但我们仍要做一个开拓者，领着他进入知识的广阔天地之中，让他主动爱上学习。激发幼儿的求知和学习的欲望，远比教会有限的知识有意义得多。有了求知的欲望，他才会进行"自主学习"。

自主学习，就是指在学习上主动而不是被动；自觉而不是盲目；自立而不是依赖；对自己有目标、有要求、有计划、有反思、有总结，而不是做一天和尚撞一天钟，对自己不负责任。

自主学习是学龄期的孩子首先应该形成的品质，但实际上，大部分孩子并没有这种意识。他们在学习方面缺乏自主性，学习成绩不理想。被动学习，孩子逆反，家长烦心。对此我建议，父母们可以试着从以下几个方面入手尝试改变。

首先，转变观念，适度放手，让孩子树立自主学习的观念。家长是孩子的启蒙之师，终生之友。要培养孩子自主学习的能力，家长首先要实现观念上的自我变革，为孩子自主学习提供观念支撑，这是孩子进行自主学习的重要保证。我们首先要注重自我学习，提高认识，着眼现在，放眼未来。因为我们的行动会潜移默化地影响孩子，言传身教的效果会更显著。

我们应该明确，我们要给孩子的是一种自主学习意识，而不是替他排除学习上的绊脚石。当学习上遇到不明白的问题时，

很多孩子会直接向爸爸妈妈请教，而这时候，爸爸妈妈也会为孩子认真学习了而感到欣慰，竭尽所能地对孩子的学习进行指导。表面上看，这种互动是件好事，但实际上，这种做法会加深孩子对父母的依赖心理。对于培养孩子自主学习的态度来说，这种做法并不值得称道。如果学习上的困难总会有爸爸妈妈帮着解决，孩子就会觉得，在学校里不认真听课也没关系，反正回家会有爸爸妈妈的指导。再遇到难题时，孩子将不会进行深入的思考，而直接投向父母的帮助。因此，当孩子遇到学习中不懂的问题来求助时，我们不应该直接指导孩子，而应该问问"老师讲过了你为什么没弄明白？"，如果一定要教，也应以启发为主，给孩子思考的空间。

其次，要减少孩子对学习的抵触情绪。随着年龄的增长，孩子的独立意识越来越强，我们更应注重与孩子的交流。在交流中，应该注意：孩子的学习生活的确很辛苦，压力的确很大，这一点我们应该表示认同，要让孩子感觉到自己的付出得到了我们的认可。当抵触情绪大大减轻时，孩子才能更好地接受我们的意见。

再次，要对孩子进行责任感的教育。独立奋斗的精神非常重要，一个人求学的路上要始终依靠自我的努力去克服艰难险阻。坚持独立奋斗的精神除了给孩子自信外，还将使他对所学领域有更深刻的理解，使他前进的道路更加通畅无阻。每一次被自己克服的困难下次再出现时都显得那么微不足道，虽然前进的步伐会很缓慢，但独立学习的习惯终将帮助孩子超越那些依旧听从教师教鞭指引的学生。

　　有的父母认为，孩子只要成绩好，什么都不干也可以。事实上，这样的孩子很可能学习也不好。原因就在于，一个责任感缺失的孩子，不会真正明白学习的真正意义所在。所以，孩子应该承担的责任，一定要让他承担起来，家长不能把所有责任都揽在自己身上。

　　我们有责任让孩子知道自己的学习责任。在一个家庭中，父母和子女都有自己的责任，做子女的应该知道自己才是学习的主体，学习就是自己的事，所以不能要求父母去承担本该属于自己的责任，父母该干什么就干什么。当孩子有了高度的学习责任感时，他会尽自己所能去搞好学习。

　　许多孩子不会主动学习，就是因为学习生活漫无目标。为了激励孩子学习，你可以根据其学习情况来帮助他确定适当的学习目标，在目标的激励下努力学习。让孩子选择合适的竞争对手，开展学习竞赛，这样可以促进学习积极性的提高。同时，也能够增强克服学习困难的主动性，养成自主学习的习惯。

儿童不需要分数

　　教育家阿莫纳什维利认为，儿童不需要分数，因为分数会阻碍他们对知识的渴求，阻碍他们在学校快乐的生活。于是这位教育家在每学期结束时，不向家长送孩子的成绩单，而是送一只纸袋。这只纸袋里装了什么呢？

　　这只纸袋里会有学生亲手制作的手工作品，画的水彩画，写的作文以及一张老师对学生的评价单。这份评价单上有五百多字，却无一句套话、空话和训斥孩子的话。"她的字写得很漂亮，但我们建议她注意字母的间距，要写得更加均匀。""我们建议他学会快速阅读，在暑假里多读一些书……"等。

可想而知，当家长收到这个纸袋后，会多么欣喜！他们会仔细观察孩子的每一样作品，从中看到孩子的点滴成长。毫无疑问，和填着各科考试分数的成绩单相比，这个纸袋的作用要大得多。

而在当下，考试成绩为王的教育仍在中国的很多学校横行。考试分数是孩子学业成绩评定的重要手段。孩子从入学的那一天起，就开始要接受考试的考验了。学校和老师要通过分数了解学生学习情况的好与坏，学生要通过分数知道自己学习成绩的高与低，家长要通过分数分析孩子学习情况的优与劣。如果一段时间内不考试，不管是老师的教学目标还是学生的学习计划，都可能会变得模糊。于是，考试就成了一个法宝，分数就成了孩子的命根。在填鸭式的教育模式下，学习本身就是一个模式化的过程，甚至谈不上喜欢不喜欢，不管孩子对学习有没有兴趣，都得坐在教室里一遍遍地翻课本，这也是孩子对学习产生倦意的起因。

如今，学习成绩似乎成为了影响亲子关系和家庭气氛的重要因素。因考试分数低而引起的争吵，甚至孩子轻生等的现象时有发生，对孩子的健康成长造成了不利影响。对此，父母们必须树立科学的观念，正确看待孩子的分数。除了分数外，体育、美育、劳动等各种成绩，都是孩子综合素质的反映。要重视孩子的整体素质水平，淡化分数意识，更多地关注孩子的思维能力和学习方法、学习习惯，尽量保留孩子最宝贵的兴趣和同样宝贵的创造性思维。不要用分数去判断一个孩子的优劣，也不要以分数高低为荣辱，更不要把孩子人生最大的砝码仅仅压在学习成绩上。

对孩子不要在分数上提太高的要求，不要太苛刻。有的父母在期末考试前就给孩子定了分数指标，一看孩子的成绩达不到自己的要求，不去分析考试卷子的实际状况，不看考试题目是否科学，便一味指责。不恰当的批评、训斥，容易使孩子产生自卑感，过严的要求甚至会引起孩子的焦虑、紧张甚至逆反的消极心理。客观上，每个孩子原有的实际情况都不一样，我们应从自己孩子原有的素质水平出发看待取得的成绩，鼓励孩子进步。孩子的分数不理想时，要帮助孩子分析问题的根源，寻找赶上去的办法，特别是要注意引导孩子别灰心丧气，要正面鼓励孩子增强信心迎头赶上。切不可整天埋怨和唠叨，更不可因孩子考试分数差而打骂孩子。

亲其师而信其道

孩子的教育不是家庭或学校单方面就能完成的事业，而是家庭和学校共同担负的责任。在孩子求学阶段，家长最关心的就是孩子的习惯培养和学业成绩。而老师也是"传道、授业、解惑"，争取早日让孩子养成主动学习的良好习惯，

有一个美好的未来。因此说，老师和家长们的目标是一致的。只有教师和家长协调一致，才能形成教育的合力。如果孩子追求上进，他也会主动接受老师和家长的意见，从而使三者达成一致的目标。三者目标一致的情况下，孩子才会学得舒心，玩得开心。

家长和老师之间多交流，对全面了解孩子、及时发现孩子存在的问题是非常重要的。怎么才能了解对方的想法，从而不断调整相互之间的目标呢？答案就是：多沟通。

"当局者迷旁观者清"。当孩子出现问题时，你可能很难判断出原因，而通过及时和老师交流，则有可能很快找出解决问题的对策来。如果硬是要把家庭和学校的职责完全分割开来，老师的教育你一点儿都不去配合的话，那最后受影响的还是孩子，因为孩子将无法适应两种完全不同的教育形式。

其实，孩子平时白天的大部分时间在学校，爸爸妈妈和孩子的接触时间就非常少，对孩子的问题有时会很难发现，因此家长平时与老师的交流就很重要，最好不要等到孩子有了明显的问题时才联络。为了孩子的健康成长，爸爸妈妈们一定要和老师多交流，及时挖掘孩子身上的潜力，也把潜在的问题消灭在萌芽状态。

要积极配合老师的教学。老师的教学需要家长的配合，尤其是当老师告知家长孩子出现了坏习惯时，一定要跟老师沟通。有些父母遇到老师因为孩子犯错误进行批评时，不是站在老师的角度一起帮助教育，而是站在孩子的角度找各种理由去和班主任辩解，这样反而会害了孩子。

好的教育是一种快乐教育，是家长和老师智慧的体现。只有让家长和老师回归教育常识，回归"人"的教育，将一切教育行为从尊重孩子的成长开始，把孩子身心健康放在第一位，才会让孩子体会到成长的乐趣。

减轻他的学习负重

在中小学孩子中普遍存在厌学、考试焦虑和作弊以及青春期烦恼的问题，甚至个别孩子选择了轻生，令人深思。作为父母，我们有责任帮助孩子减轻和克服压力。保存学习的兴趣与好奇心，这将是孩子一直向前的动力。世界很大，人生很长，卸掉他的包袱，让他轻松起跑，孩子总有巨大的空间与时间，长成独特的人，长成自己。

为孩子减轻学习负重，父母们首先要给孩子树立一个好的榜样。如果你总是因为工作或生活的事情心烦意乱，那么孩子就会感到无助。你焦急不安，孩子的压力自然会升级，因为他无法从你身上学到如何减轻压力。故此，我们要给孩子创造一个无压力的家庭环境，尽量不要把工作上的事情带到家里来。

减负的过程实际上也是培养孩子良好心理素质的过程。孩子进入青春期以后开始出现逆反心理，容易和爸爸妈妈抵触，有时即使心里有压力，也不愿意和父母沟通。这就需要家长经

常从孩子的行动、情绪反应来了解、判断他们的心态及其变化。孩子处于心理不平衡以至剧烈冲突而又渴望矛盾冲突尽快解决以达到心理平衡时，是教育的良机。我们应对孩子给予信任，站在朋友的角度和孩子坦诚沟通，对孩子提出有益的建议，如正确认识自己、减少自责、树立自信、学会宽容、自我振奋等，帮助孩子摆脱压力，远离心理疾患，形成健康向上的人生观和价值观。也不要给孩子制定不切实际的奋斗目标，不要给孩子太多的约束。

还有一些家长只让孩子学习，其他课外活动也不许参加，家务劳动更是不让孩子插手，这样做的初衷虽然是好的，但往往适得其反，让孩子感到压抑。孩子在每次考试前的压力往往较大，这个时候，好多父母整天对孩子问这问那，孩子在自己房间复习时，总是进进出出，看孩子是否用功，这样总是在孩子面前晃，只会增加孩子的紧张心情。正确的做法是：做自己的事情，尽量不要打破正常的生活规律和节奏。

另外，要给孩子安排足够的休息和娱乐时间。如果孩子不能得到足够的睡眠，休息不好就会感到身心疲劳，无法集中精力学习，最终使他感到紧张。